あなたを守り、幸せにする

運のいい人のマナー

西出ひろ子

清流出版

Contents

第4章

第5章

第9章

運のいい人の人付き合い

編集協力＝宮下二葉
装丁・本文組＝松永大輔
イラスト＝池畠裕美
協力＝吉村まどか

第1章

なぜ、マナーが人を幸運にするのか

マナーについて誤解していませんか？

あなたはなぜマナーを学ぼうとするのでしょうか？

日常生活やビジネス、冠婚葬祭などで相手に失礼のないようにしたい。常識のある人間だと評価してもらいたい。何ごともエレガントにこなしたい——。

確かに、いずれもマナーを身につけていれば叶うことです。でも、マナーの本当の意義は、失礼のない振る舞い方やその場にふさわしい所作といった、単なる決まり事だけではありません。

マナーとは、自らが美しくあること。周りの人たちと共に幸せになるためのもの。そして、人生に運（ラッキー）をもたらしてくれるもの——。

マナーの根底にある相手ありきの「思いやりの心」を身につけて行動すれば、身の回りにどんどんよい出来事が増えて、気づけば運のいい人になれるのです。

マナーで開運するために、まずはマナーの基本を理解することから始めましょう。日本でマナーと言えば、さまざまなシーンにふさわしい所作や作法そのものであるように伝えられています。こうした決まり事は「型」と呼ばれ、「型」を身につけることが重視されてきたわけですが、これだけでは真のマナーとは言えません。海外、とくに西洋の人たちが何より重んじているのは、「相手の立場にたつ」という、マナーの基本となる意識とその姿勢なのです。

マナーを日本語で表現すれば「礼儀」です。「礼」とは「思いやり」、「儀」は「型」を表します。つまり、礼儀＝マナーは本来、相手への思いやりの心を形にするもの。相手の立場にたち、思いやりから生まれる言葉や行動を心がければ、その人との関係やコミュニケーションの場はスムーズで心地のよいものとなるはずです。

もちろん「型」の知識は、相手とのやり取りの中で

マナーとは「礼儀」

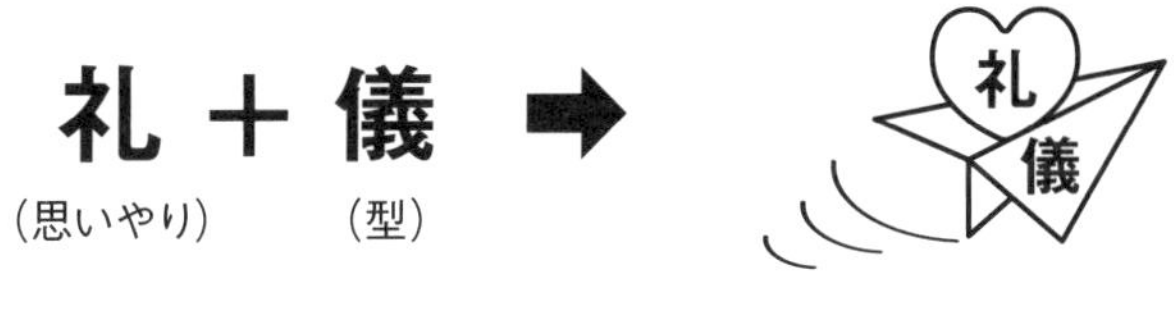

心だけでは伝わりにくく、
型だけでも空疎

型に心を乗せて、
はじめて伝わる

大いに役立ちます。一方で、思いやりを込めることなく、決まり事として形式的に行う「型」だけでは、相手の心に響きません。また、「型」を覚えるだけではイレギュラーなことがあった場合に、臨機応変に対処できない恐れもあります。

私はマナーの講演で、いつもみっつの「こ」を大切にと伝えています。ひとつめの「こ」は心の「こ」、ふたつめは言葉の「こ」、みっつめは行動の「こ」。「こうした心があるからこそ、こういう言葉が出て、だからこういう行動になる」という、みっつの「こ」がそろうことが肝心なのです。そうでなければ、仕事先や友人を相手にいくらマナー通りの振る舞いをしても、「気持ちがこもっていない」と気づかれたり、「言動不一致で信頼できない」と評価されたりしてしまい、よい人間関係を保てないでしょう。

とはいえ、相手の立場になって心を向けるのはなかなか難しいものです。私たちは自分のことが大事ですし、レベルの差はありますが、誰もが物事を自己中心的に考えがちです。けれども、自分の意見ばかりを主張し、行動する姿はけっして美しいものではありません。第一、みんながお互いに自己中心的なままでコミュニケーションをとろうとすれば、この世の中は醜い争い事ばかりになってしまいます。

マナーの第一歩は、相手の意見や考え方が自分とは違っても、まずは受け止めることが

懐の深い人間になりたくて…

できる広い心、懐の深さを持ち合わせることです。賛同できなくても、理解できなくてもかまいません。まずは受け止めてみてください。受け止めると受け入れるは異なります。受け入れなくてもいいのです。それを突き返すのではなく、まずは受け止める。そして、自分の意見も伝えるようにしてください。「あなたはそう思うのね。わかった。でも、私はこう思う」と伝え、では、みんなが幸せを感じるためにはどうしたらよいかを一緒に考えればよいのです。そしてそれを受け入れるかどうかは、あなた次第。

もしも最初に相手の意見を否定、すなわち、突き返してしまった場合、相手は多少なりともショックを受け、あなたに対して好意を抱くことはないでしょう。そして、お互いに心の扉を開けないためにコミュニケーションが成り立たず、対立したまま進展もなければ、大きなトラブルにもなりかねません。でも、一緒に話し合えばどちらかが賛同できるかもしれませんし、まったく異なる新しい案が生まれる可能性もあります。少なくともお互いにとってマイナスにならない結果を得られるのです。

心の扉を開けることは、円滑にコミュニケーションをとる上で欠かせません。たとえば職場で、部下にあることを何度注意してもまったく聞き入れてくれないとします。それはおそらく、部下が心を閉ざしているからでしょう。では、心を閉ざしている部下がすべて悪いのかといえば、そうではありません。**起きる物事のすべては、自分が引き起こしているのです。**相手の心の扉が閉じている原因は、自分自身が心を開いていなかったり、相手に心を開いてもらうコミュニケーションをとっていないからかもしれません。

マナーには、大切にすべきポイントである**「基本五原則」**があります。**表情、態度、あいさつ、身だしなみ、言葉遣いの五つについて、相手に印象よく受け取られるように心がける**というものです。ふだんから部下に対して、苦虫をかみつぶしたような表情を見せていたり、ぞんざいな話ぶりをしていては、何を伝えても聞き入れてくれないのは当たり前。相手が部下や後輩であろうとも、敬意を払う気持ちを忘れてはいけません。つねに部下の立場にたって考えながら心を開いてくれるように五原則を意識して接するのが大前提なのです。

まずは自分から、思いやりを持って相手にプラスとなる言

マナーの「基本五原則」

① **表情**………… 明るく、笑顔で
② **態度**………… 姿勢よく、つねに背筋を伸ばす
③ **あいさつ**…… 元気よく、できるだけ先に声をかける
④ **身だしなみ**・不快感を与えない清潔感と場所にあったファッション
⑤ **言葉遣い**…… できるだけ丁寧に、伝わりやすく

葉遣いや行動を実践しましょう。すると、相手は自然と心地よくなってうれしい気持ちになります。相手が喜べば、それが自分の喜びであると感じます。そして、相手が心を開いてくれて、自分にもプラスの結果が返ってきます。**このようにお互いが幸せを感じられるWIN《ウィン》-WIN《ウィン》の関係は、相手ありきというマナーがなければ築くことはできません。**

この世には千差万別、さまざまに異なる意見や考えの人々が存在します。一人でも多くの人が相手の立場にたち、思いやりを持ってコミュニケーションをとっていけば、その一人ひとりの周りにトラブルのない関係が実現して、それがどんどん広がりトラブルのない社会、トラブルのない世界が実現するのも夢ではないと思いませんか？　友人や仲間たちには「絶対にムリ！」と笑われますが、私が二一歳からこうしてマナーをみなさんに伝え続けている、いささか壮大な最終目的……いわば夢は、世界中の平和なのです。

自分の思いやりから喜びの連鎖が……

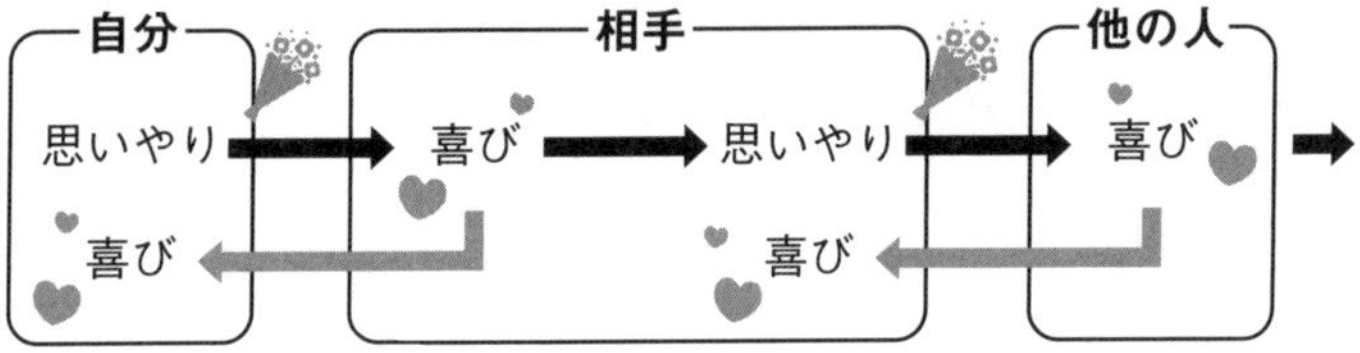

マナーは人を幸運にする魔法のアイテム

三一歳のとき、私はマナーの本場と言われるイギリスに単身で渡りました。当時の私の英語力は中学一年生レベルで、相手の言っていることがあまりわからなくて、話すこともままなりません。でも、そこで困った表情を見せたり、逃げるように視線を外すと、外国ですから「なんだ、こいつは」ではなく「なんだ、この日本人は」と思われて、日本人全体のイメージが損なわれてしまいます。

だから、私は相手が何を言っても、いつも「サンキュー」「サンキュー」と笑顔で応えていました。何か質問されたのかもしれないときでも、「サンキュー」です（笑）。我ながら支離滅裂だと思いましたが、黙っているわけにはいかず、話しかけてくれる人にうれしい気持ちを伝えるには、それしか言えませんでした。そして自然と、相手に不快な思いをさせない表情や態度、ジェスチャーをとっていました。マナーの「基本五原則」に近いことをしていたのです。

気持ちは言葉を超える!

「サンキュー」と言われて、イヤな気持ちになる人はいないのでしょう。イギリスで出会った人たちは、こんな私のことを「いつもニコニコしている」と褒め、仲間や友人もでき、優しく接してくださいました。そして、結果的にそのうちの一人と一緒に会社を立ち上げるという幸運にも恵まれたのです。その人は、名門オックスフォード大学の大学院生だった遺伝子学の研究者です。こうした経験から、言葉が通じなくても同じ「人」同士、生きている者同士、相手を敬う気持ちは伝わると確信しました。**国や地域によってマナーの型は違うかもしれません。でも、目に見えない心の部分は世界共通だと実感したのです。**

一方で、同じ日本人でも、同じ世代でも、なかなかわかり合えない人はいます。すでに述べたように、大事なのは自分から相手に思いやりを持って接することです。マナーの世界では先手必勝（私は、独自に「先手必笑」と表現しています）が鉄則。先にこちらから心の扉を開いてコミュニケーションをとれば、どんな人とでも自然とつながることができるはず。そして、互いにハッピーな関係が築けるのです。

自分と相手という「点」と「点」が「線」で結ばれ、それがどんどん周りに広がって、いろいろな人とつながることができます。**たくさんの人とお互いにハッピーな関係を築くことができれば、それだけで幸せですし、どこからかうれしい話が舞い込むチャンスも増**

えるでしょう。これぞまさしく、人を幸運にするマナーの力。自分以外の人たちが気持ちよく過ごしてほしいと心を配るマナーの力は、とても大きく、奥深いのです。

幕末の儒学者である佐藤一斎《さとういっさい》先生は、著書『言志四録《げんししろく》』で「人は礼譲を甲冑《かっちゅう》とせよ」と記しています。マナーを身につけることは、鎧《よろい》を身に着けることと同じく自分を守ってくれるという意味ですが、私もその通りだと思います。私は「礼儀は鎧」と解釈しています。

たとえば、何かトラブルでクレームが来た場合、多くの人は保身に走って相手の言い分を否定したり、言い訳をしてしまいがち。だから、相手はカチンときてさらに怒るのです。マナーでは、相手の意見や考えを一旦は受け止めることが大切なので、相手のクレームが勘違いでも的外れでも、まずは「それは大変失礼いたしました」と、心を込めて受け止めます。怒りに対しては「おっしゃる通りです」と共感します。怒っている人も、共感されると「この人はわかってくれている」と感じ、誠意ある言葉に心を開いて、大事には至らないケースがほとんど。相手の立場を想像して応じれば、危機も回避できるのです。

また、自分に矢が向けられたときにも、マナーの力を備えていれば、その矢をはね返すことができて自分が傷つくことはないし、結果的にお互いのプラスになる――。私自身、そうした事態を何度も経験しています。実際にクレームを言ってこられたクライアントと一時間以上も電話で話をして、最終的には追加で高額の仕事の依頼をいただいたこともあります。マナーの力でピンチを幸運な出来事に変えることができた一件でした。心を開いて言葉を交わし合えば、人と人とはわかり合えます。ちなみに前述した佐藤一斎先生の著書は、西郷隆盛が傾倒し長年読み続けた哲学書です。

ところで、マナーは相手の立場にたち、きちんとその人を見て向き合うことから始まりますが、この「向き合う」ことがわかっていない人が意外に多いように思います。なんでもいいから声をかけることと勘違いしたり、相手が望んでいないことまで聞いてしまい、相手にとっては煩《わずら》わしいだけで、かえってマイナス効果になっていることもあるのです。向き合う際にも、相手の立場や気持ちなどを考え、思いやりを持つことが必要です。

私はビジネスマナーを伝えるときに、ふたつの「そうぞうりょく」を持ちましょうと話します。ひとつはイメージするほうの「想像力」で、もうひとつが創り出すほうの「創造力」です。家を建てようとするお客様に対して、その人の使い勝手を考える想像力と、そこから設計する創造力ではどちらが大切でしょう？　生活スタイルは人それぞれだから型は相手によって異なり、相手に合った型を創るにはその人の暮らしをイメージすることから始まります。**つまり、目に見えない想像力のほうが大切なのです。**それがしっかりとできていれば、結果として創造されるものが素晴らしいと評価されるわけです。業界のありきたりのルールやマニュアルという「型」に縛られていては、お客様が満足できるものを創り上げることができず、ＷＩＮ－ＷＩＮの関係を築けません。なぜならば、お客様一人ひとりの環境や考え方は異なるからです。これは、ビジネス以外の日常生活にも当てはまるマナーのコツだと思います。

相手の立場で想像し、その人ときちんと向き合うこと。マナーの本当の意味を理解して、生活のすべてにそれを心がければ、ありとあらゆることが解決します。いろいろな人とつながって、ピンチをチャンスに変えることができるマナー力が、幸運を呼び込んでくれるからです。マナーはあなたが幸せになるためにあるのです。幸せになりたいのであれば、マナーという相手の立場にたつ思いやりをまずは意識することです。

ふたつの「そうぞうりょく」を大切に!

どちらも大事だけれど……

想像力	>	**創造力**
◎目に見えないもの		◎目に見えるもの
◎相手ありき		◎自分の力で
◎オーダーメイド		◎既製品も

〝思いやり〟は人のためならず

マナーに、自分だけが幸せになればいいという考え方はありません。まずは自分以外の人に幸せを感じてもらい、自分も幸せを感じる、互いがハッピーな関係を目指すものです。つまり「情けは人のためならず」ではなく、「思いやりは人のためならず」といったところでしょうか。

ただ、私の考えるマナーの「相手」とは、「人」だけではありません。動物、植物、無生物の物にいたっても同じく心を向ける相手となります。

たとえば、植物に定期的に水をあげるのは単なる型。ですが、思いやりをもって接するならば、「目配り」して植物があると気づいたら、まず土に触れて乾き具合を確かめます。これが「気配り」です。そして、乾き具合によって水をあげるのか、あげないのか、「心配り」で判断するのです。そんなふうに世話をすれば、草花も笑顔になっていっそう美しく見えて、自分までうれしくなります。逆に土が十分に湿っているのに習慣だからと水を

行き過ぎ注意？

やり続けては、枯らしてしまう危険性もあります。

また、机の上に消しゴムのカスが残っていても、机は訴えることができないので、あなたが気づいて拭いてあげることもマナーなのです。言葉を発しない相手（物）に対しては、相手が望むことを察し、こちらが行動しなければお互いに幸せを感じることはできません。これは植物も小さな赤ちゃんも同じです。それに、もしも消しゴムのカスが残っているのが職場の自分のデスクだったら、上司が見かけて「だらしない」と評価されてしまうかもしれませんし、自分自身もきれいな机のほうが気持ちよいでしょう。そして何より机自体が喜びますね。

さらに、「相手」には会社などの組織も含まれます。会社に勤務している方は、自分の会社の立場にたって仕事をしているでしょうか。多くの方が、よく自身の勤め先について不平不満を言っているのを耳にします。では、逆に、自身は勤め先が求めること、喜ぶことをやっているのでしょうか。

会社は社員みんなにきちんとした服装に身を包み、いつもよい表情で、しっかりあいさつをして、よい仕事をしてほしいと願っています。そして、お給料を払っているわけですから、指示通りの型だけを行って一〇〇点満点であっても、それは会社の立場に立てば当たり前、という評価になるのです。だから、上司から褒めてもらいたいと思えば、会社に評価されたいと思うのであれば、一〇一点以上をとればよいのです。日々、一〇一点以上をとるにはどうしたらよいかを考えていれば、不平不満を言っている時間はありませんね。

不平不満などのマイナスな思いを抱いていても、なんの解決にもなりません。それであれば、上司や会社の立場にたち、相手が喜ぶことをプラスして行ってみる。そこがマナーのある人とない人の境目なのです。働くのは大変なこと。でも、ただ漫然と仕事をするのではなく、マナーをもって働けば、上司や同僚、取引先から喜ばれ、あなたは評価される人になります。そうなれば、あなた自身も達成感や充実感を味わえるはず。そして、その結果としてあなたのもとに昇進や昇給という幸運が訪れてくるのです。事実、これを実践した金融機関勤務の私の生徒さんは、昨年、異例の飛び級で、女性初の支店長に昇進しました。もちろん、給与も賞与もアップしたとのこと。

そしてもうひとつ大事なのは、実は相手の立場にたつという「相手」には自分自身も含まれているということです。私が講演会などで「マナーは相手の立場にたつことから」と繰り返すので、みなさん自分のことをさておいて、相手ばかりに目を向けるべきと思い込みがちですが、自分自身の内面に余裕がなければ、相手を優しく思いやることはできません。

人には受け入れられるキャパシティの限りがあって、プラスのことばかり入ってくればよいのですが、日々を過ごしているとやはりマイナスのこともたくさん入ってきます。イヤなことで自分の心が満杯になってしまえば、誰でも爆発してしまうでしょう。ですから、無理をしてほしくはありません。

そんなトラブルを避けるために、**自分にもきちんと向き合って、日常生活の中で内側にたまった毒を出し、きれいに心を掃除してください。**その方法は、美味しいものを食べる、カラオケで熱唱する、運動するなど、自分自身がストレス解消してすっきりできるものなら、どんなことでもいいのです。マナーは、相手だけでなく自分自身も幸せになるためのものですから。

自分自身も大切に…

美しい人は、なぜ運がいいのか？

オリンピックなどで、敗者が勝者を称えるシーンを目にすると、みなさん「美しい」と感じるのはなぜでしょうか。勝った相手のために、自分の悔しさを一旦脇に置いて祝福する姿は、まさしくマナーそのものだからです。そうです、マナーは「美しい」のです。

こうしたシーンを「きれい」と表現するのは、違和感があります。それは「きれい」という言葉が表面だけ、見た目だけの型を褒めるもので、一方の「美しい」は心がこもった温かみのある言動の結果を褒める言葉だからでしょう。**私のマナーの講座を受けた人に、あなたは「美しい人」と「きれいな人」のどちらになりたいかと質問すると、ほぼ一〇〇パーセントが「美しい人」と答えます。**つまり潜在意識の中でも、誰もが本来の意味のマナーを身につけたいと願っているということです。

美しい人は、いつも周りの人に思いやりを持ち、自分から心を開いてお互いに幸せな関係を築きます。もちろん、内面はいつもきれいに掃除されていますから、毎日が清々しく、幸せを感じて生きているでしょう。

ところで、「幸せ」という言葉の意味をご存じでしょうか。辞書で調べてみると、だいたい「好運」「めぐり合わせ」といった意味が出てきます。ふつうに考えると、運がいいから幸せと感じられるのではないかと思いますが、辞書の意味から紐解いてみると、「確かに！」と納得できる面があるのです。

マナー力を身につけて美しく生きていれば、よい「めぐり合わせ」に恵まれて人は幸せになれます。つまり美しい人（幸せな人）には、運がついてくるのです。運がついていれば、大事な場面で誰かに手を差し伸べてもらったり、思いもよらない「ごほうび」がもらえたり、いい事が起こりやすくなります。結果、いつも幸せな気持ちが持続するということです。

ただ、みんなが美しい人でありたいと願っても、実際、人生にはさまざまな事が起こります。相手の中には、心にとても鋭利な刃を持った人がいて、そういう人が身近にいると、心を開き合うことができずにつらく苦しい思いをして、美しく生きられないこともありま す。また、自分の身の上に何かマイナスと感じることが起きたとき、人はつい「あの人がこうしたから」とか「これさえなければ」と矛先《ほこさき》を誰かほかの相手や条件に向けてしまいます。これでは、しばらくつらい思いを抱え、運から離れた日々を過ごすことになります。そうではなく、**起きたことをそのままの現象として受け止めてみましょう。大切なのは起きた現象を自分でどうするかだけなのです。**

マナーの力を持っていれば、マイナスのことをプラスに変えることができます。もちろん、苦しいことが起きたのだから落ち込んでいいし、悩んでもいい。でも、そこでほんの少しでもいいから、これは自分にとって「何かを学べ」という諭《さと》しだと考えて、起きたことに感謝をしながらプラスに好転させようという気力を持ってほしいのです。その気持ちが美しさにつながって、周りの人に「美しいよね」と評価され、やがてもっと大きな幸せ＝運がついてきます。ただ、とても鋭利な刃を持っている人を相手にしなければならないときは、自分を守ることも大切なので、よい関係を築こうと努力するより、最低限のコミュニケーションにとどめて距離を置くことが必要な場合もあります。

こうして自分の物事の受け止め方次第で、つらいと感じていた人生を本当に変えることができるのです。それがマナーの力であり、この力がなければ幸せというゴールにはなかなかたどり着けません。いま何かに苦しんで、どうしても元気を出せない人は無理をしないでください。でも、光が見えるときは必ず来ますから、けっして自分の道を踏み外さずに将来に希望を持ってほしいのです。

つらいことが起きても、これも学びの機会と感謝できるようになるには、やはり泣いて傷ついた経験が糧になります。年を重ねてから傷つくのはきついですから、私は若いうちにどんどん涙するほうがいいと伝えています。

私自身が二〇代のとき、つらいことばかりあって大変でしたが、その頃に傷ついていなければ、人に認めてもらえることへの感謝や、自分も周りも幸せな環境で生きていきたいという願いを持てなかったと思うのです。

〝マナースイッチ〟は〝開運スイッチ〟

日本における現代のマナーと言われている型は、神道の儀式や作法、また、武道や茶道などから受け継がれているものが大半です。現代では型を決まり事として教わることが先行しているようですが、昔はその背景にある心の部分を伝えられていたのでしょう。**最近では、開運を求めてパワースポットとされる神社やお寺に参拝する人、スピリチュアルなものに興味を持つ人が増えましたが、目に見えない「礼」を重んじるマナーも、スピリチュアルに通じるものがあります。**

しかもマナーは実生活に役立つ「型」も覚えられ、一度型を身につければ、時間とともに状況が変わっても人生のさまざまな場面（仕事でも、私生活でも）で活用できます。マナーは一石二鳥、三鳥の、究極のスピリチュアルと言ってよいかもしれません。そしてこの**マナースイッチをつねにオンにしておけば、開運スイッチもオンになります。**

マナーを心得て、美しく生きている人には運がついてきます。それは、思いやりを持って自分の周りに素晴らしい人間関係を築いている大前提があるからですが、舞い込んでくる幸運は見えない力がもたらしてくれるもの。自分の日々の行いに対して「最近、がんばっているね」と天からもらえるごほうびでしょう。ただし、ごほうびは結果的についてくるものですから、欲張って運を望むとかえって逃げてしまいます。

私は神社に参拝しても、自分のためのお願い事はせずに、ただ感謝するのみです。お正月だからと三が日中に初詣に行くことも決めていません。儀礼的なことを気にせず、自分の気持ちが向いたときに、住んでいる街の氏神様にお参りすればいいと考えています。

そもそも、忙しくて参拝できない方や体の具合が悪くて足を運べない方もいるのに、「お正月には初詣」というような「型」としての決めつけた言い方はどうかな、と思っています。自分の気持ちを収めたいから神社へ行くというのであれば、自分の環境の中で気持ちをすっきりさせるためにできることを最大限して、感謝の気持ちを実感するだけでも同じような効果があり、幸運も舞い込んでくるのではないでしょうか。

とはいえ、初詣の由来を調べてみると、大晦日より家長が氏神の杜にこもり、神前にて新たな年を迎える「年ごもり」が起源と言われています。新たな年を迎えるにあたり、心身を清く、歳神様に感謝しお迎えするという気持ちからなるのが初詣です。その後、時代がたつに連れ、干支で割り出された縁起がよいとされる恵方にある神社に詣《もう》でるとその一年の福を与えられる、と言われ始め、一年の初めに詣《まい》る人が増えてきたようです。

私は毎朝、目が覚めたら最初にベッドの中で、「ご先祖様方、天にいらっしゃるみな様、おはようございます。今朝も変わりなく目覚めました。ありがとうございます」と、心の中でお礼を伝えるのが日課です。死後の世界を信じているとか、誰かにそうしなさいと言われたからではなく、目の前にいない人や目に見えないものにも心を開き、感謝を伝える気持ちからなる行動です。特段、神棚があるわけでもありません。しかしそれからは、何かに守られているという気がしていますし、実際に、これまでの五〇年間の人生において、危機が迫ることが数回ありましたが、結果的に危機一髪のところを守ってもらい、その結果、事態が好転していったこともありました。

そうです、自分の住んでいる部屋を神社にしてもいいのです。もちろん、神社に行きたいとき、行けるときはどこでも好きな神社に参拝するとよいでしょう。心が落ちつき、清められます。

もうひとつ私の開運スイッチをオンにする習慣をご紹介すると、気功をもとにした簡単な体操を続けています。自分の内側をきれいに掃除できるのです。脚を肩の幅に開いて、

気分スッキリ！　心も軽くなる、気功をもとにした簡単体操

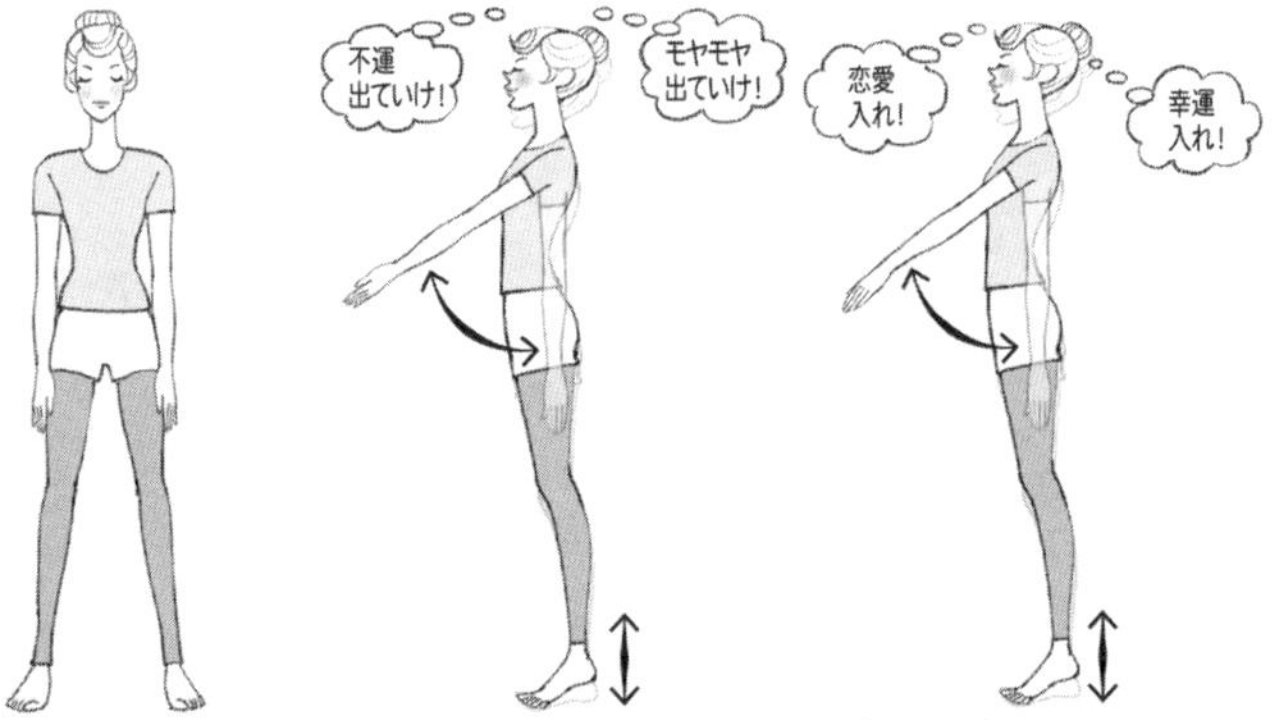

脚を肩幅に開いて立つ

手のひらを上にして、
肩から上下に腕を振る

今度は手のひらを下にして、
同時にかかとも上下させる

まずは手のひらを上にして、肩から腕を上下に動かすのですが、そのときに自分の中にある不要なもの、イヤだなと感じているものを、「出ていけー」と心の中で言いながら出していく。出ていったら、今度は手のひらを下にして「入れ、入れ」と、かかとを上げ下ろししながら腕を上下に動かします。入れるときは、仕事でもお金でも運でも入ってきてほしいものを思い浮かべてください。

私は肩が凝りやすいので、このあとに腰を回して腕を左右に動かします。上下左右とも、腕はぶらん、ぶらんと肩の動きについていく感覚です。気功の先生は一日に三〇回を計三セットやるように言われましたが、私はそのときの体調に合わせて回数を調整しています。出したいことがたくさんあれば長く続けますし、たくさん入れたいときも同じです。朝と寝る前がお勧めですが、できるときに試してみてください。ずいぶんスッキリしますよ。

自分の心身をよい状態に整えていれば、直感を働かせる力、直感力が身についてきます。直感は天から降ってくるものです。たとえば、急いで終電に乗るか、諦めてタクシーで帰るか、選択肢があるときに直感でタクシーに乗ったら、終電が故障で止まってしまっていたということもあり得ます。直感力が身につけば危機回避ができて、運がよかったと感じることが多くなるでしょう。さらに直感力が磨かれれば、ここに行けば心が落ち着くとか、あの人と会うと元気になるといったこともすぐにわかって、自分のパワースポットを持つことができます。**願わくば、マナーの力で自分自身がみんなのパワースポットになることが一番です。**よいものがどんどん集まってきて、よくないものが近づいてきても、マナーの鎧が結界のようにはね返して守ってくれます。

目に見えないものを大切に、いまの自分に感謝して、自分の内側をきれいに保って直感力を磨くように心がければ、自然と運がついてくるなんて、まさにマナーはスピリチュアル。人生そのものにも、生活のワンシーンにも大いに役立つこと間違いなしです。

パワースポット

週末は○×神社に行くんだ
わー、噂のパワースポットじゃん
あなたは?
ウキウキ
ワタシ?
私はなぜか家に猫がたくさん来るの
ニャン
猫の神社か?!

私のどん底からの、開運体験

マナーは作法よりも、相手に対する思いやりの心が大切。そして、よい運に恵まれ、幸せに生きるために必要なもの。一般的なマナーの本とは少し違う内容に、いま、あなたは驚いているかもしれませんね。

でもこれは、私自身が、家族や自分の身の上に起きた体験からお伝えしていることです。この五〇年間、私の身にさまざまな出来事が起きました。そのすべてに私は真っ向から向き合い、考え、乗り越え、実感してきたことがあります。それは「マナーがなければ、幸せにはなれない」。言い換えれば、「マナーがあれば、幸せになれる」、ということです。そして、私の言うマナーは所作や形式やしきたりではありません。真心・生き方のマナーです。イギリスで本場のマナーに触れ、日常生活で世界各国の人々と接する中で、マナーの本質を知って納得しました。ここでは、私がなぜマナー講師となり、こうしてみなさんにマナーが心であると伝えているのか、その背景にある私の体験を簡潔に綴ります。

人の美しさとはなんだろう。私がそのことについて考え始めたのは一八歳のときで、親の離婚問題がきっかけです。お互いに自分の立場でしかものを言わず、歩み寄ろうとしないやり取りを繰り返す両親の姿を目の当たりにして、悲しく思うと同時に「こういうのって、美しくないな」と思いました。約五年間の言い争いや裁判の末、後に両親は離婚しました。

そして私は二一歳のときに、「なんて美しい人なんだろう！」と五〇代のある女性にひと目惚れをしました。その女性こそが、私に「マナー講師」という職業を教えてくれた恩師、元日本航空客室乗務員第一一期生の岩沙元子先生です。当時五〇代だった岩沙元子先生は、モデルさんのように美しいお顔立ちと体型をなさっていました。しかし私は先生の外見はさておき、何よりも先生に内面の美しさを感じ、それに触れるたびに感動をしていました。

そして「私もマナー講師になれば、岩沙先生のように、素敵な五〇歳になれる！」「美しい五〇歳になりたい！」と切に願ったのです。私がマナー講師を目指したきっかけは、このような単純な理由からでした。しかし、それはちょうど、親の離婚騒動中のこと。家族が崩壊していく過程を見ながら、「マナーがあれば、相手を悲しませたり、傷つけたり、このような醜いトラブルは起きないのではないか」と思いました。そして私は、マナーの型や所作よりも、みんなが幸せになれるマナーを伝えていきたいと思ったのです。

両親の離婚の原因は、母のことを考えずに自分勝手なことをした父にあります。その父は私が二九歳のときに、自ら命を絶ちました。でも、私はいまでも父のことが大好きです。私がマナー講師として独立すると言ったとき、周りの人たちみんなが無理だと反対したのですが、たった一人、父だけが「やりたいことをやりなさい」と前向きな言葉を贈ってくれました。私のことを認めてくれる人がいた……。とてもうれしかったです。父が亡くなったとき、まだマナー講師として駆け出しだった私は、唯一、私の夢を応援してくれた父の気持ちに応えるべく、「日本一のマナー講師になる」と冷たくなった父と自身の心に誓いました。

父の死後、今度は弟がトラブルを起こして私まで巻き込まれ、手を尽くしましたが、結局は弟も父と同じく自死しました。でも、このような家族に私は感謝しています。私のマナーについての考え方は、この家族がいたから生まれてきたものですから、家族のおかげです。家族のせいで道を踏み外したと思われたくない、そして、自ら命を絶った父と弟のぶんまで、幸せにならなければならない、という強い思いが原動力となり愚直に生きてまいりました。結果、おかげさまで、大手企業の研修をはじめ、テレビや新聞、雑誌などのメディア出演、また、ドラマや映画のマナー指導や、中国など海外での出版・講演など、思ってもみないマナーのお仕事をいただけるようになりました。

こうして、苦しいこと、つらいこともマナー力があればプラスに変えられる、自分の心のあり様によって幸せになれるとお伝えしてきた私ですが、実は五年ほど前にストレスから体調を崩しました。

自律神経が乱れていき、電車にも乗れない状態になりました。原因は、家族の一員である、愛息犬の骨折・壊死・断脚です。仕事で留守をするため、当時生後三か月だった愛犬をドッグシッターに預けました。そこでの事故です。「私が預けなければ……」「私が仕事をしていなければ……」。その日以来、自責の念から、自ら自分の髪の毛を抜いてしまう「抜毛症」という症状に陥りました。

断脚となった愛犬の前肢はもう二度と元には戻りません……。「どうして生後三か月のクゥー（愛犬の名）がこのような目に遭わなければいけなかったの？」と、私は何度も何度も、自問自答しました。

そして、自責の念は当然ありましたが、お恥ずかしいことに生まれて初めて、怒りの矛先を他者に向けてしまいました。それは、骨折しなければ、断脚することもなかったはず、という考えから、なぜ、どうして、愛犬が骨折したのかを、ドッグシッターに訊ねたところ、その回答が二転三転したからです。コロコロ変わる言い分に、私の自律神経はさらに乱れていったのでしょう。「なぜ、どうして骨折をしたのか」。その真相を突き止めるために、一心不乱になってしまいました。

でも、相手を責めれば自分に返ってくるのです。真相を突き止めるために経営する会社の仕事もままならぬ日々の中、スタッフや講師たちは、こんな私を支えてがんばってくれました。しかし、現実は厳しい状況となり、都心の一等地にあったオフィスとマナーサロンを閉め、会社をたたむ覚悟をしなければいけないところまでになりました。

そのような矢先、私のマナー論に共感し、応援してくださった一流企業のＰＲディレクターの女性が他界。その二日後に、私を支えてくれた大切な講師のがん発覚と休業の知らせ。私は日本一のマナー講師になると、父と自分に誓ったのに、何をしているのだろう……。私を応援してくれている人たちや、ご契約くださっているクライアント、そして、私を信じてついてきてくれているスタッフや講師たちに申し訳ない……。

自分がどん底に落ちるのは自業自得ですが、それにより、周囲に迷惑をかけたり、裏切ることはいままで私が伝え続けてきたマナーに反している。私は、「復活しなければ！」と、意識を愛犬骨折の真相追及から、仕事の立て直しに切り換えました。

あれから五年……。出口の見いだせない悪夢の日々から、おかげさまでいまは完全に復活させていただきました。そして、五年前よりも、もっと自信を持ってみなさんにお伝えできます。

マナーは相手の立場にたつ思いやりの心・愛であるということを。

なぜならば、たった一人の相手に**マナーのない心**を持ってしまったばかりに、それまでの私の人生におけるどん底を経験しましたから……。

いま、日々の生活、仕事に感謝と幸せを心の奥深くから感じています。自分で抜いた髪の毛も、驚いたことに生えそろいました。この出来事もまた、私に必要なことだったのでしょう。

いま何かに苦しんでいても、相手を思いやる真心マナーを日々、意識し、実行すれば、光は見えてきます。

みなさんに幸せを感じてもらいたい、人生を好転させてほしいと心より願って、マナーに基づいた日常の心のあり方と、覚えておきたい型を記していきます。

第2章

運のいい人の考え方

マナーは気遣い、相手中心の心

三六五日、神棚にお水やご飯をあげ、家庭をきちんと切り盛りして、誰に対してもお付き合いはぬかりなく、作法やしきたりを守って暮らせば「何かよい事がある」「神様は見てくれている」「幸せになれる」。だからそうする人がいます。しかし、現実はどうでしょうか。

もちろん、そうしていることで幸せになる方もいらっしゃいます。一方、「毎日、神棚にご飯を上げ下げしているのに、何もよい事が起きない」とおっしゃっている方もいます。同じことをしていても、結果が異なるわけですね。どうしてこのような差が出てしまうのでしょうか。

それは、「こうすればよい事が起きる」とか「これが決まり事だから」という、ただ自分が覚えた「型」にのっとって行動するのか、それとも、そこに感謝の思いや心を込めて、自分の内なる声から自然に動くのか、その違いです。

私が二七歳のときのこと。マナー講師を目指しながらも、それが上手くいくかわからず迷走していたとき、父から、「人生とは白地図に自分の道を描いていくようなものだ」という言葉をいただきました。その後この言葉は、父から贈られた生涯消え去ることのない大きな財産となっています。

幼い頃から何不自由なく生活させてもらっていた私は、親の敷いてくれたレールにただ乗るだけで、何も考えない子でした。ですから私には、自分で道を切り開いていくような発想すらありませんでした。しかし、親の離婚がきっかけで、それまでのように守ってくれる人のいない社会に出て仕事をして生きていくには、誰かが何かをしてくれるのを待っていては通用しない、ということを、痛いほど、知らされました。このとき父には「道は自ら作っていくもの」ということを、親子の関係を超えた、一人の人生の先輩としての立場から教えていただいたと思っています（ですからあえてここでは、身内の父であっても、人に対する敬意、そして故人への敬意を込めて敬語を使いました）。

そんな私がマナー講座で提唱しているのが、「美道」です。これは、せっかくこの世に存在させてもらっているのだから、周りの人と、この社会のみなさんとともに、美しく生きていこうという目標を持った考え方です。**「美道」を言い換えれば「マナー道」でもあ**

ります。

よく自己啓発本などでは、「これを実践すれば幸せになれる」とか「お金が儲かる」と書かれています。そうなりたいから本を買って読んで、そこに書いてある通りに行ってみるわけですが、期待したような結果が出ないことはありませんか。**結果が出ないのは、行動そのものではなく、行動する一歩手間の心の持ち様が肝心だからです。**

マナーも同様です。幸せになりたいと型通りに行動するのは、自己中心的な考え方であり、マナーのもっとも大事な部分から外れています。心の底からこれをすることで相手や関係者たち、もっと広くは社会全体が幸せになれると想定して行動を起こし、道を歩んでいくのが美道の過程。この過程を経るからこそ美しい人になれるのであって、それが自分の幸せや開運へとつながっていくのです。

よく「木を見て森を見ず」と言いますが、とくに女性は実際に起きた事や、耳から聞いた言葉、すなわち、目の前のことしか見えていないことが多々あるように思います。そして、目に見えるもの、耳から聞こえる限られた情報だけで物事を判断したり、進めようとしがちです。でも、美しく生きていくには、まず人への思いやりが大切で、そのためには、目の前のことだけでなく、もっと広く周囲を見渡す力や、目や耳からは、見えない・聞こえない奥や裏の部分にまで意識を向けてみることが欠かせません。
そして、みんなで美しく、幸せに生きていきたいというゴールを明確にしておけば、目の前で起きる不快なことやトラブルにそれほど気持ちを振り回されることもないでしょう。生きる目的はあなたの目指すゴールに向かうことです。そのゴールには幸せが待っていると思えば、それを目指してもっと遠くまで視野を広げることもできます。それも美道の作法です。

ポイント

運のいい人は……

「型」より「心」を大切にして、自分中心ではない広い視野で周囲を見る。

運のいい人が実践する対人関係のとらえ方

型を覚えてしまえば、それぞれのシチュエーションでソツなく、とりあえず無難に振る舞うことは難しくありません。でも、そこに心が入っていなければ相手が受け取るのも形だけ。このようなやり取りでもなんら問題はありませんが、なんだか少し無味乾燥と感じますね。

ひとつのシチュエーションに対して、ひとつの型を覚えることはよいことです。しかし、同じようなシチュエーションでもそのとき、その場、相手によって事情はさまざまであるということを心得ておきましょう。だからこそ、場合によっては、本来の型を破って臨機応変に対応することもあっていいのです。

そして、運のいい人は「ソツなく」「とりあえず無難に」という無味乾燥ではなく、それを超えようとする。そこにマナー、すなわち、心を入れていきます。どのような場面でも相手が気持ちよく受け止められる振る舞いができるよう、ここからは、マナーの基本となる心や考え方について、もう少し掘り下げてお伝えしたいと思います。

私のイギリス滞在中に、日本の日常生活であまり聞いたことがないな、と思ったのは、「フェア（公平）」という言葉です。イギリスでは、よくこの言葉を耳にしました。多くの人が、お互いにフェアであろうと心を配っているのです。とかく、目上の人には敬意を払えと言われる日本とは、異なる印象を受けたことをいまでも鮮明に覚えています。

たとえばイギリスでは、赤ちゃんにミルクを飲ませるときに「プリーズ」、つまり「どうぞお飲みください」と、赤ちゃんを一人の人間として対等に思いやり、敬意を表するていねいな言葉を用います。ちなみにイギリスでは、赤ちゃんが最初に発する言葉は「プリーズ」と言われるほど。そしてイギリスでは、「プリーズの精神」を重んじています。

もちろん、目上の方を敬う気持ちはどの国でも大切にすべきです。でも、相手との関係を築く際に、自分の立場が上だとか下だという尺度で判断していたら、本物の関係が築けるでしょうか。

私がマナー指導に入らせていただいたNHKのスペシャルドラマ「白洲次郎」。白洲次郎と言えば、日本一かっこいい男と称され、いまでも彼の生き方に憧れたり、それを模倣する人がいるほど人気です。そのドラマの中で、彼が上司とも言える、吉田茂（第四五代、四八～五一代内閣総理大臣）に対して、お礼を言うときは「すまないね」ではなく、きちんと「ありがとう」と言うものだ、と伝えるシーンがあります。この時代は、いまよりももっと、目上の方に敬意を表する意味において、目上の方を諭すようなことは御法度だったのではないかと想像します。

白洲次郎さんは、一〇代後半でイギリスの名門ケンブリッジ大学に留学しました。彼は当時の生活の中で体感したことによって、その後の彼のプリンシパル、すなわち原理原則に基づく考え方、人間性、生き様を形成したと言われています。そして、彼は生涯にわたりその原理原則を貫き、そんな彼を吉田茂さんは、大変信頼していました。

上も下もなく、同じこの世に存在している者同士として心を開き合えば、とてもよい関係が築けるはずです。

人付き合いの中では、「相手の短所は見て見ぬ振りをするのが無難」とも言われますが、**もし相手が自分の子どもだとしたら、たいていの人はマイナス面に目をつぶりません。マイナス面をプラスに変えて、より幸せに人生を歩んでほしいと願うからです。これこそが、相手を思う真の心、思いやり。**「美道」では自分や家族だけでなく、みんなの幸せが目標なので、相手が上司であろうと、仕事の取引先であろうと同じです。大切なのは、どのような関係であろうと中立的な立場で相手を見て、自分が不快に感じたから注意をするのではなく、相手のためを思っての忠告をすることです。

「運のいい人」になるための観点は、初めに相手の長所を見て、次に短所にもきちんと目を向けること。誰に対しても基本は中立、公平な立場で相手を見つめ、思いやりの心を持って接すること、そして、自己中心的な見方を変えて、いろいろな立場、さまざまな方向から幅広く物事を見つめることを意識してみてください。

ポイント

運のいい人は……

上下関係ではなく、どんな人も公平に見て思いやりを持って対応する。

運のいい人が身につけている思考力

幸せを呼ぶマナーにおいては、周囲を三六〇度見渡して、その状況の中でみんながプラスになることを考える思考力が大切です。人間は一人で生きていくことはできません。人がいて、相手がいて、その双方の間には必ず「間」があります。だから私たち人は人間になれるわけですね。ですから、物も含んだ周囲といかに協調し、いい関係を築くかがその人の幸福度を大きく左右します。

プライベートでもビジネスでも、自分だけがプラスになるのではなく、みんなのことを思って、何をすればよいのか、どのように進めればよいかと考えるクセをつけましょう。そして大事なことは、何事も、全員が一〇〇点満点のプラスを得るという結果など、ほぼないと心得ておくことです。

誰かにとって一〇〇点満点プラスのことが、誰かにとっては三〇点であったり、マイナスとなる場合も多々あります。ですから、思考的には全員がそれぞれ六〇点のプラスを得るように物事を進め、それに全員が納得し、満足する。これがみんなでハッピーと思える考え方なのです。すると結果的に、全員が九〇点などの一〇〇点満点に近いことが現実に起きてきます。

いまの若い方にはコンビニエンスストアのない生活など想像できないかもしれませんが、数十年ほど前だったら商店街のお店は書店も文房具店も薬屋も、夜七時くらいには閉店でした。宿題をやらなければいけないけれど、消しゴムが見つからないと気づいたら、ひと晩我慢しなければならなかったのです。いまや夜中でもコンビニが開いている世の中ですし、ほかにも何かと願望が叶いやすい便利なシステムが増え、不自由な状況に耐えることが少なくなってきました。

それに伴い、わがままを言ったり、エゴをむき出しにして「一〇〇点満点を求めるのが当たり前」と思う人も増えてきているのかもしれません。でも、相手を二〇点のプラスで我慢させて、自分が一〇〇点のプラスを得て喜べる人は、けっして「美しい人」とは言えませんね。他人よりも自分を優先する心が勝っている人には、「運」は味方も応援もしてくれません。

ところで「我慢」と「忍耐」という言葉がありますが、**「我慢」とは仏教の煩悩のひと**

我慢と忍耐のわかりやすい違い

つと言われ、強い自己意識から起こす慢心のことを言います。それは、自分を高くみて、他人を軽視する心であると言われています。現代では一般的に、自分を抑制し、耐えるという意味だと思われていますが、これはもともと、「我意を張る」という強情な心をさしていました。

一方、「忍耐」は、苦しさやつらさ、悲しみに耐え忍ぶことで、辞書によれば「四元《しげん》徳《とく》」と言われています。四元徳は、「思慮・知恵・知慮」「勇気」「節制」「正義」から成るものです。これは「枢要徳《すうようとく》」とも言われ、古代ギリシア以来の西洋の中心的な徳目のことです。このように、「我慢」と「忍耐」は異なるもので、**マナーに必要なのは我慢ではなく忍耐です。**

みんなの幸せを考えれば一〇〇点満点のプラスなどあり得ません。でも、それを**満点なのだと思えるのがマナーのある人、つまり運のいい人の思考力です。**ある程度のマイナスを自分が請け負うことで、関係者、みんなが公平にプラスになるのであれば、勇気を持ってそれを喜んで受け入れる。その自分の忍耐の結果、**最終的にみんながプラスになるのであれば、幸せな気持ちになりませんか。**

「では妥協すればいいのですね」という声が聞こえてきそうですが、これはけっして妥協ではありません。妥協は、本当は不本意だが、窮地を打開するために相手に一歩譲ることです。忍耐には、不本意という感情はありません。

「でも、これでは、なんだかいつも自分が損をしているような気分になります」と思う人もいるでしょう。しかし、美しい人はこう考えます。

「損得」の「損」を「尊徳」の「尊」に変換する。これが、運のいい人の考え方、思考力です。

ポイント

運のいい人は……

一〇〇点満点を求めず、時に「忍耐」をして、最終的にみんながプラスになることを目標にする。

運のいい人は物事をこうとらえる

生きていれば日々いろいろなことがあって、誰にでも多かれ少なかれイヤなことが起こります。第1章でもお伝えした通り、そうしたマイナスと感じられることをプラスに転換する発想が、運が味方してくれるようになる大事なポイントです。

何かイヤなことが起きたときは、自分にとって一〇〇パーセントマイナスなこととはとらえない。起きたことはそのときの自分にとって必要なことだととらえ、それをもたらしてくれた見えない力に感謝します。そして、**自分に何を学べと諭しているのかをしっかり感じて考え、学ぼうと努めること**が状況をプラスに好転させる方法です。

イヤな出来事が自分にとっての学びの機会だと気づくか気づかないか、または、気づいたとしても見て見ぬ振りをするか学びとするかどうかは、大きな分かれ目。そのときに気づかなかったり、見ない振りをすると、不思議なことに、形は違ってもまた同じことを学ぶためのイヤな出来事が降りかかってくるのです。

私の実体験からの言葉ですが、**何が起きても心を開いて笑顔でいることを忘れないでください**。「あ〜あ、またこんなことが起きちゃった！」と、笑って言えるようになればベストです。そんなの無理、と思う方もいらっしゃるかもしれませんが、人は本当に生まれ変わらなくても、ひとつの人生の中で生まれ変わることができます。

私自身もともとネガティブな性格で、何か起きるとかなり落ち込んですぐに最悪の事態を考えるタイプでしたが、いろいろな出来事を経験する中で、苦笑いしながらなんでも受け入れられるようになりました。物事をすべてポジティブにとらえられるよう、楽観的になるのです。そして、楽観には笑顔がつきもの。私のこの変わり様は、身近にいる夫が一番よく知っていて、いまでも驚いています。

人生、いろいろな出来事が降りかかってきましたが、私はマイナスなことをプラスに好転させることで、どのようなことがあっても結果オーライ、なんとかなって現在に至っています。運に恵まれましたし、ありがたいと感謝しています。

苦しんだり、悩んでいる方は、いまは苦しいかもしれない……。けれど、この先に絶対によいことがあって、プラスの状態になれますから、悲観的にならず前を向いて生きてほしい。**ただし、自分のことだけを考えていては同じ出来事が繰り返されてしまうので、型**

だけでなくマナーの根幹をしっかりと身につけてください。そうすれば、必ず幸せになれる道が開けます。

もしも心を病んだり、引きこもったりというつらい経験があるなら、それは苦しんでいる人たちの気持ちがよくわかるということですから、マナーの上ではよいこととも言えるでしょう。無理に元気になる必要はありません。落ち込んでいるときはとことん落ち込んで、外に出たくなければ出なくてもかまいません。ただ、こうした経験も何かを学ぶための機会だと気づいてほしいと思います。**自分の心の持ち様によって暗闇のままにはならず、必ず光が見えてきます。**

私が愛犬のことで心身を病んだときは、人生が終わると覚悟しました。でもそうならなかったのは、運という見えない力で守られているからと感じています。だから、毎朝、目が覚めたらご先祖様と天にいる故人のみな様全員に感謝します。神社仏閣に行ったときも、「こうなりたい」というお願いではなく、「ありがとうございます」と唱えます。いつも相手のことを思いやる言葉をかけ、行動をしていれば、間違いなく誰かが助けてくれます。

何かが起きると、みなさんはすぐに「ああ、来ちゃった」「また叱られる」「マズい、バレた！」などと吹き出しをつけたくなるような暗い表情になります。仕事上のミスなどは、その表情を見て、相手はますます腹を立てるので、さらにお小言を言われてしまいます。

ここが危機回避の能力を発揮するとき。何かが起きて、「ああ」と感じる瞬間に相手の立場にたった表情をするのです。「怒らせてしまった、失礼をしてしまった、申し訳ない」という気持ちになると、顔も「申し訳ありません」という表情になって、相手も「この人はわかってくれている」と共感を抱き、怒りが鎮まります。

自分が納得できない、理解できない話でも、相手の気持ちを優先させて受け止める。**「とりあえず」ではなく、「まずは」相手の立場にたつというところに心を持っていけば、自然とみっつの「こ」がそろって言葉や行動からも相手に思いやりの心が伝わります。**それに応じて相手も共感できる言葉や表情、行動を発するようになって、トラブルになりにくいのです。結局はこうして自分が守られ、運のいい人になるのです。

ポイント

運のいい人は……

イヤな出来事も自分にとっての学びの機会だととらえ、笑顔を絶やさない。

第3章

運のいい人の所作

マナーは心、心は仕草に現れる

マナーの土台となるのは、相手への思いやり、つまり「心」です。言葉や振る舞いに相手を思いやる心が込められていればこそ、やり取りの中で相手が心地よさや温かみを感じ、自然と心の扉を開いてくれます。

一方、マナーの「型」とは、そうした自分の心を相手にしっかり伝えるために考えられた所作や決まり事であり、心と型は言わばマナーの両輪。ですから、きちんとマナーを身につけたいと思ったら、これまでお伝えしてきたマナーの基本を理解し、自分の心を磨くことから始めます。そして、ふだんの表情や仕草、態度にも周りの人たちへ愛を込めて、みんなに気持ちよく受け止められるよう意識して過ごしましょう。

その上で、しっかり型を覚えておくことも大切です。いくら気持ちを表したいと願っても参考にできる基本の形がなければ、どのようにすればよいかわからないことが多々あります。そもそも物事の感じ方は十人十色で、人によってうれしいと思ったり、不愉快に感じることとは異なります。それでも社会で円滑にコミュニケーションが進むよう、型という決まり事が存在しているのです。

型を知っていれば、どのような場面でも余裕を持って行動でき、相手の立場をいっそう深く気遣うことができますし、基本の形があれば、そこから相手や状況に合わせて臨機応変に振る舞うことも難しくありません。誰にとっても型を身につけることは大いに役立ち、逆に身についていなければできないことがたくさんあります。マナーを身につけて幸せになる、運のよい人生を送るには、型をマスターするのも必須です。

この章では、多種多様な型の中から、表情や姿勢、あいさつといった日常の基本の所作を取り上げます。ふだんのなにげない動作はどうしても無防備になりがちで、私も気を抜くといつの間にか猫背になってしまいます。ピンと背筋が伸びた姿勢と背中が丸まった状態では、相手が受ける印象がかなり違うのは言うまでもありません。いつも意識しながら、つねに背筋が伸びている状態をキープするようにしています。

みなさんも周りの人たちに美しいと感じてもらえるよう、体に型を覚え込ませて、意識して過ごしてください。

開運する表情

コミュニケーションをとる上で、何より大事なのは表情です。あいさつをするとき、話しかけるとき、会話をするとき、こちらが無表情だったら相手は「無愛想だな」と感じて、距離を置いてしまいます。相手に好意を示し、自分から心を開いていることを伝えるために、笑顔は欠かせません。笑顔を見れば、相手も心がほぐれて安心感を抱きます。顔の表情には内面の気持ちが表れるので、相手のことを思いやれば自然と優しい笑みが浮かぶのではないでしょうか。

ただ、中には笑顔を作るのが苦手という人もいると思うので、ここでステキな笑顔になるコツをお伝えします。一番大切なポイントは目が微笑んでいること。よく「目が笑っていなくてコワい」という言葉が使われますが、その通りで、目が微笑むように心がけると、口角も自然と上がって優しい笑顔になります。

まずは鏡の前で鼻から下をノートなどで隠し、目が微笑むように練習してみましょう。

素敵な笑顔のポイントは目

同じ口角が上がっていても、口を隠すと表情が違って見えます

また、表情筋を鍛えると表情が豊かになっていっそう笑顔がステキになれるはず。目をギュッとつぶってパッと開いたり、口を大きく開け閉めしたり、あごから頬骨にかけて両親指で指圧しながら押し上げたりするなど、顔の筋肉をこまめに動かすエクササイズもお勧めです。

そしてふだんから、家の近所やお稽古事などで顔を合わせる人に笑顔であいさつをしてみましょう。カフェやショップの店員さん、タクシーの運転手さんなどに笑顔で接するのも、よいレッスンになります。笑顔になる機会が増えれば、いつしか無理なく笑顔を見せられるようになるはずです。**こうしてたくさんの人と笑顔を交わしていれば、思わぬサービスを受けたり、新たなご縁ができてうれしいことがあったり、幸運が舞い込んでくるのです。まさしく笑顔が呼び寄せる運です。**

さらに、その幸運を開運にする人は、一人でいるときも、笑顔を絶やさないようにつねに意識をし、それを実行します。パソコンやスマホに向かっているときも、家事をしているときにも笑顔でいましょう。このように、日常生活の中において、一人でいる時間でも笑顔を意識することで、本当の意味において運は開けてきます。「誰にも見られていないのに？」と思われるかもしれませんね。いいえ、神様・ご先祖様は見てくださっていますから、安心してください。

さて、表情には内面の気持ちが表れると書きましたが、自分が何かで傷ついたり、悩んだりしているときは、心から微笑むことはできず、相手の気持ちを和ませるような笑顔になれないかもしれません。自分を大事にできないと他人にも優しくなれませんから、けっして無理をすることはありません。

でも、人と接する場面では、やはり相手のことを思いやる心を忘れてほしくありません。運がついてくるように人生を好転させるためには、ちょっと頑張ることも必要です。**「我慢」してムリに笑顔になることはありませんが、自分の意思で「忍耐」をもって相手のために微笑めば、それがやがて運となって自分のところに還ってきます。**

それ以前に、傷ついたり悩んだりする出来事が起きたのは、あなたにとって何かを学べる機会をいただいたこと。いま、このタイミングで起きたことをチャンスととらえ、それをポジティブ・前向きに考えて、気持ちそのものを立て直せると、運はもっとすばやく微笑みながらあなたに近寄ってきます。

ポイント
運のいい人は……
一人でいるときも、誰にでも、どんなときでも自然な笑顔でいられる。

開運する仕草や態度

表情と同じく、仕草や態度にも内面が表れます。テーブルに肘《ひじ》をついたり、脚を組んだり、椅子の背にもたれたりといった態度を目にすると、だらしない、あるいは横柄な印象を受けませんか？　周囲は見た目からその人の内面について探っていくので、なにげないひとつひとつの仕草や態度がかなりの意味を持っています。でも、私たちは「面倒だな」とか「疲れた」という負の感情を無意識に態度に出してしまいがちです。相手にもけっしてよい印象を与えないので、表情と同様にふだんから意識をしてください。

ときどき、仕草や態度から受けた第一印象でとてもかわいい人、ステキな人だと思ったのに、いざ深く付き合ってみると、わがままを言う、きつい言葉を使うなど意外な面があると知って、「あれ？」とがっかりすることがあります。態度や仕草は一時的なら内面が伴わなくても作ることができるので、そういう場合もあるわけですが、上っ面の見せかけだったと知れば、相手はだまされたような気分になってがっかりしますね。**まずはしっか**

りと心を磨いて、「第二印象もいい」本当にかわいい人、ステキな人になりましょう。そして、付き合いが深くなると、「第一印象よりもっとステキな人だった」と思われるような、美しい生き方をしましょう。

相手に好感を持たれる仕草の基本は、指先をそろえることと背筋を伸ばすこと。背筋については姿勢と併せて後述しますが、手の動きは思う以上に人目につきやすく、印象に残ります。つねに指先まで意識を行き届かせて、物を指し示すときは手のひら全体を使って指をそろえ、軽く伸ばします。物をつかむときはすべての指をそろえ、そっと持ち上げます。ティーカップを持つときに小指を立てる人を見かけますが、これは現代ではマナー違反。小指を立てるのは、ナイフやフォークなどのカトラリーを使わずに、手でものを食べていた時代に行っていた仕草です。

本当に美しい人は、見た目のかっこよさだけにとらわれるのではなく、知識や教養を持ち、なぜ、そのような仕草や所作を行うのかということまできちんと理解した上で、それを外面の型として表すから、本物の美しさを醸し出すことができるのです。

また、物を手に取るときや人に手渡すときは、片手を添えて両手を使うとていねいな印象を与えます。

無意識に行いがちなNGなクセ

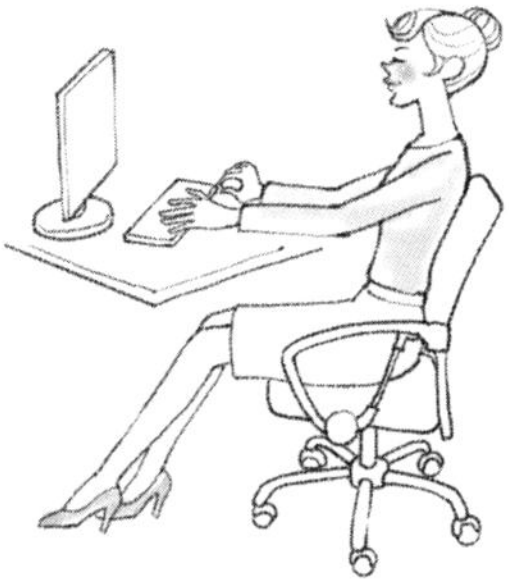

椅子の背にもたれる

脚を組む

肘をつく

爪を噛む

貧乏ゆすり

腕を組む

冒頭でお伝えしたように、自分が無意識に行っている態度の中にも相手に不快な思いをさせてしまうものがあります。肘をつく、脚を組む、椅子の背にもたれるといった態度は、クセになっている人も少なくありません。ほかにも腕を組む、貧乏ゆすりをする、爪を噛むといったクセも控えましょう。一度、自分のクセを見直してチェックしてみることをお勧めします。**自分では気づかない場合もあるので、家族や親しい友人に気になるクセがないか尋ねてみる勇気のある人も美しい人です。**

いつも心に余裕を持てる自分でいられるよう、自分自身とつねに向き合い対話をし、優雅な仕草を自然に行えるよう意識して、日々行動しましょう。

ポイント

運のいい人は……

「第一印象」はもちろん、「第二印象」も大切にする。

開運する姿勢

正しい姿勢はそれだけでも好印象。逆に姿勢が悪いと、実際よりも疲れているように見えたり、一緒にいて楽しくないのかな、性格が暗いのでは、と勘ぐられることもあるかもしれません。何より女性であれば大多数の人が立つ、座る、歩く姿を美しく、優雅に見せたいと願っていることでしょう。**そのためにもっとも重要なポイントは、つねに太もも、大腿骨付近を意識して、そこに力を入れることです。**

まず立っているときは、頭の上から糸で吊されているイメージで、胸を開き、背筋をスッと伸ばします。そして息を吸いながら、少しあごを引いて、肩を落として力を抜くと美しい立ち姿となるはずです。つま先とかかとは、左右をきちんとそろえます。足裏はつま先からかかとまでしっかりと床につけますが、この状態で太ももに力を入れないときと入れたときを、鏡で見比べてください。膝下が明らかに違って、力を入れたときのほうが両脚のすき間が狭く、脚がまっすぐにキュッと引き締まって見え、立ち姿も凜としてより美し

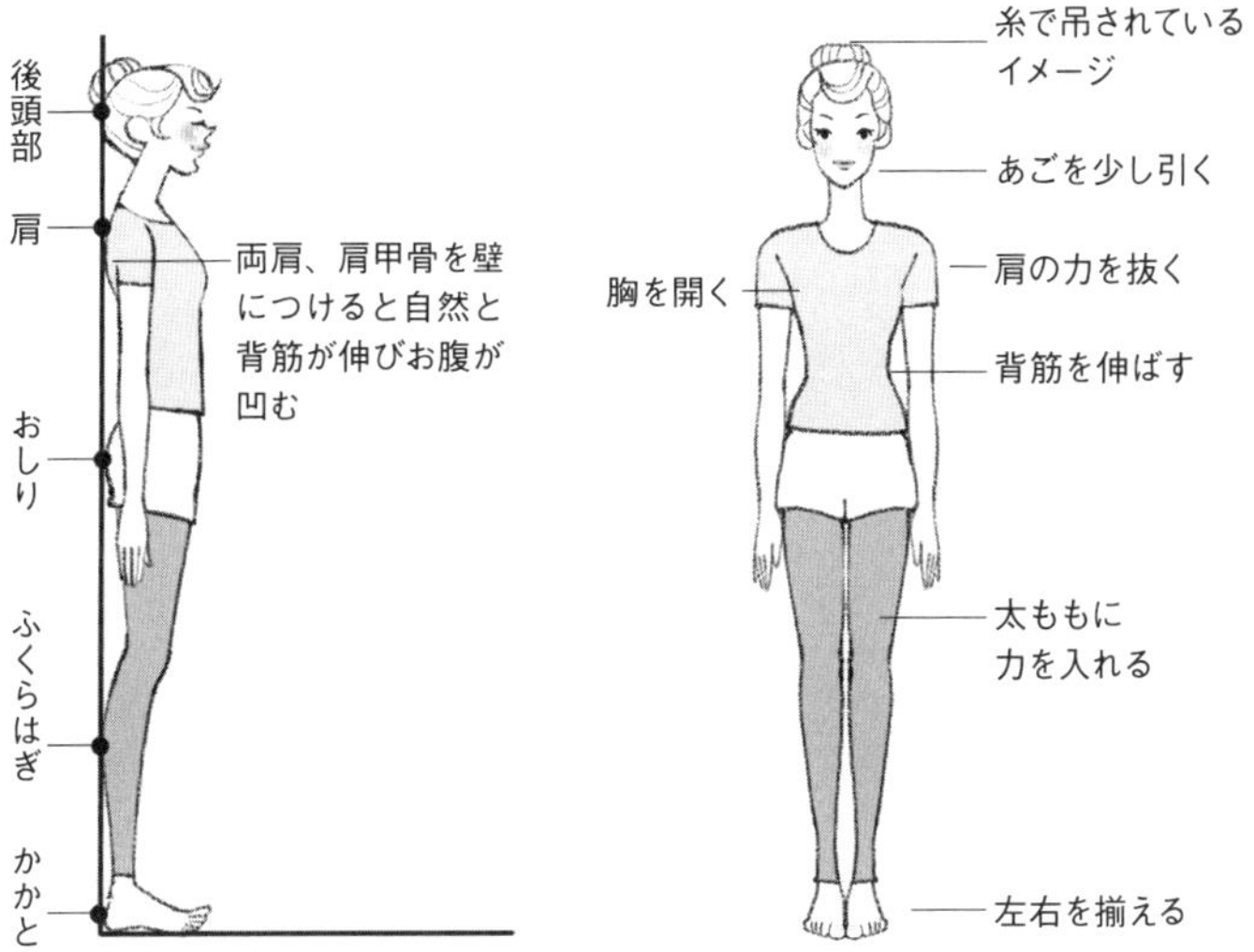

い印象となっていると思います。

背筋を伸ばそうとすると、胸を張り過ぎてしまいがちなので気をつけて。ちょうどいい背筋の伸ばし方は、後ろ向きに壁の前に立って、かかと、ふくらはぎ、おしり、肩、後頭部を壁につけます。この状態が、頭からつま先までまっすぐに立てている姿勢です。両側の肩甲骨を壁につけようとすると、自然と背筋が伸び、お腹を凹ませることになります。この体勢をキープしながら、片足を一歩前に踏み出します。そして、もう一方の足も前に出してそろえます。このとき、まっすぐな正しい姿勢になっています。簡単にできることですので、練習を重ねて体でその感覚を覚えましょう。背筋が伸びている人からは、ご本人のぶれない信念、軸となる生き方を感じます。それは、美しく信頼される人にもつながります。すべては、内面が外面に表れるのです。

歩くときも、頭のてっぺんから足のつま先までまっすぐ立っている状態を保ちます。足の運びはかかとから着地して、つま先がつくと同時にかかとを上げることを意識するとキビキビとして、歩き姿が颯爽とした雰囲気になります。足の裏全体でベタッ、ベタッと踏みしめて歩くとエレガントに見えません。自分に合った歩幅とちょうどいい速度で歩きましょう。**そして靴は履いていて痛くないジャストサイズを選ぶこと。大きくても小さくても、足に靴がフィットしていなくては、そもそも美しい歩き方はできません。**

また、脚を引きずってダラダラ歩いたり、スマホを見ながらうつむいて歩いたり、友人同士で歩道いっぱいに横並びになるのは、見た目も美しくありませんし、周りを歩いている人に迷惑だったり、不快な思いをさせることがあります。そして何より危険ですから、要注意です。

整体の先生から伺ったのですが、現代は脚の外側に力を入れて歩いている人が多く、そのため、脚の外側に筋肉がつくために脚のラインが崩れがちだそうです。

美しい座り方のコツ

①左側から椅子の前に立ち右脚を少し引いて、土踏まずを左脚のかかとにつける

②頭から腰を真っ直ぐにして、腰から椅子に座る

③少し引いた右脚を元に戻す

実際には脚の内側に力を入れるよう意識をして歩くのがベストです。そして太ももの付け根からつま先まで、脚の内側に意識を向けて歩くとO脚になりにくく、細く見えることにもつながります。相手を思いやる美しい心を持ってマナーを身につけると、美脚効果にもつながります。

美しい座り方も覚えましょう。椅子に腰かける際は、左側から行うのが基本です。左側から入って椅子の前に立ち、まずは右脚を少し引いて土踏まずを左脚のかかとにつけます。次に頭のてっぺんから腰を真っ直ぐにして、腰から椅子に下りていき、座ったら引いた右脚を元に戻します。立ち上がるときも同じ手順で、右脚を引き、腰を上げて、右脚を戻します。

こうして座ると、自然と座面の半分ぐらいに腰掛ける状態になります。背もたれに寄りかからず、腰を真っ直ぐ伸ばす姿勢をキープします。このときに太ももに力を入れないと、せっかく浅く腰掛けても前かがみの猫背になって残念です。両方の太ももに力を入れてギュッと内側に引き締めると、体の軸がスッと真っ直ぐ立ちます。そうすることで、自然と両膝の内側もつきます。私もつねに太ももから大腿骨、お尻へと向かってそれらを意識し、膝をきちんとつけるようにしていますが、こうして座っていると、**天に向かってつながっている感覚や、足先まで自分の氣を行き渡らせている実感があって気持ちがよい**のです。

ふつうの高さの椅子であれば、膝は床に向かって九〇度に座るのがスマートな印象で、相手に好感を持ってもらえます。ソファのように低い椅子の場合は、脚を左右どちらかに流します。右に流す場合は右脚を少し前に出すと、いっそうエレガントに見えるもの。左に流すときは左脚を少し前に出しましょう。

和室では正座をしますが、膝をそろえて頭のてっぺんから腰まで真っ直ぐ伸ばし、少しあごを引き気味にするのが美しく見えるコツです。一般的に、正座をするときは、脚の両親指を重ねるようにします。しかし、こうするとふくらはぎの筋肉が外側に向かう感じがします。そこで、美脚正座法として、両親指を重ねないように、足首から下の足を真っ直ぐに伸ばして正座します。すると、前足首のストレッチにもなり、足首のリンパの詰まりもなくなる気がしてスッキリします。

和室で座る予定がある日の服装は、丈が長めでゆったりしたデザインのスカートがベスト。少し足をくずしても見えません。足がしびれてきたら我慢せずに、失礼をお詫びしてから下座の下方側にくずしましょう。

余談ですが、欧米では相手に自分の気持ちを伝えたいときは、相手の右側に座って自分のハートが近くなる位置につくと伝わりやすいと言われています。また、自分が相手の心に入り込みたいときは、相手のハートの近くである左側に座るのです。私は商談で自分の思いを受け入れてもらいたいとき、左側に座って話すようにしています。左右どちらに座るかによって相手との距離感がなんとなく違うように思います。とくに好きな男性に気持ちを伝えたい、彼の心を虜にしたいという人はぜひご参考に！

ポイント

運のいい人は……

「立ち姿」「座り姿」「歩き姿」すべてで背筋が伸びている。

開運するあいさつ・お辞儀

あいさつは漢字で「挨拶」と書きます。「挨」は心を開く、「拶」は相手に近づくという意味があり、**「挨拶」とは相手に対し、自分から心を開いてお近づきをすることなのです。**相手ありきで、まずは自分から心を開くマナーにおいて、あいさつはその最初の一歩となるもの。**基本は、相手の目を見る、伝えたいあいさつの言葉を添える、お辞儀をするというみっつのステップで行います。状況にもよりますが大切なのは「明るく、笑顔で」。**先手必笑、自分から先に笑顔であいさつして、幸せな関係を築く一歩を踏み出しましょう。

日本ではあいさつをするときに、お辞儀という動作を伴います。お辞儀にも、正式な所作がありますが、その仕方を知らない人もいらっしゃいます。つい何度もペコペコしている人をよく見かけます。気持ちはわかるのですが、これはとくに海外の人から見ると奇妙な光景のようですので、気をつけましょう。実際、正式な日本のお辞儀は、何度もペコペコお辞儀はしません。お辞儀は日本ならではの風習。ぜひ身につけましょう。

美しいお辞儀の姿勢は、首や肩、背中を曲げずに上半身を真っ直ぐにキープします。続いて、前傾するときはすばやく、起こすときは少しゆっくり目に行うことを心がけます。頭を下げている間は、目線も自然にそのまま地面や床に向けます。また、首だけを曲げたり、相手が立っているのに自分は座ったままのお辞儀は基本的にマナー違反。座っているなら、できる限り立ち上がってお辞儀をするのが、運の開ける人の行動です。また、歩きながらのお辞儀も本来はＮＧで、立ち止まるべきですが、その状況などに応じてはＯＫの場合もあります。臨機応変に対応しましょう。

お辞儀の角度も、場合によって使い分けます。人とすれ違う、前を横切る、軽くあいさつをするときなどは一五度の会釈です。目上の方にあいさつしたり、お客様を迎えるときは一般的なお辞儀で三〇度の敬礼（普通礼）を目安にしてください。そして、冠婚葬祭などの改まった席での正式なお辞儀や、お願い、感謝、謝罪の気持ちを表すときは四五～六〇度の最敬礼です。一般的に日本のマナーでは、お辞儀はこの最敬礼がもっともていねいなものとされていますが、**私はとくに誠意を込めて感謝の気持ちを伝えたり、謝罪する場合は九〇度のお辞儀がふさわしいと思っています。**神社祭式には「拝」という九〇度のお辞儀があり、日本のマナーは神道から生まれ、現代に引き継がれているものも多いです

使い分けたいお辞儀の仕方

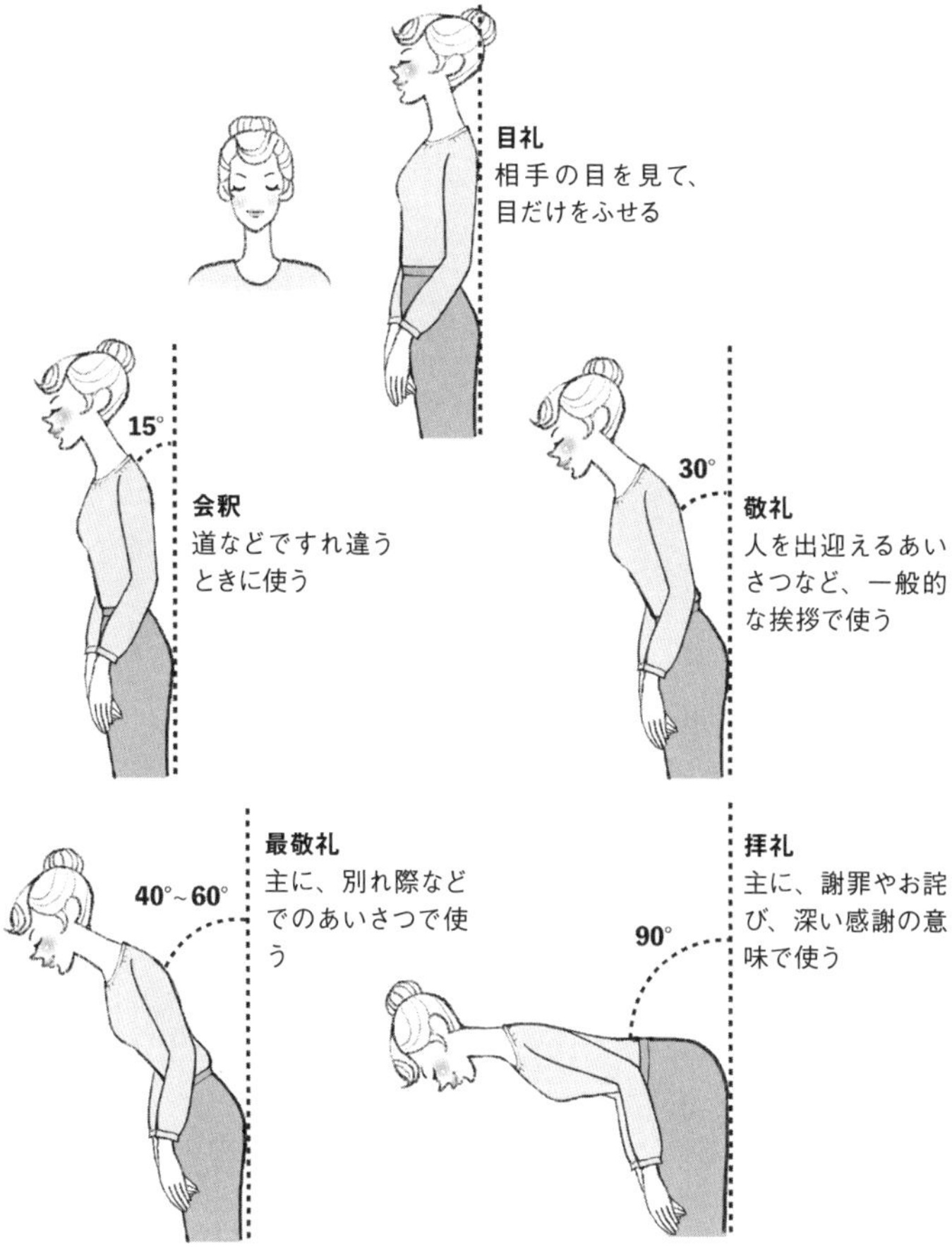
目礼
相手の目を見て、
目だけをふせる
15°
会釈
道などですれ違う
ときに使う
30°
敬礼
人を出迎えるあい
さつなど、一般的
な挨拶で使う
40°~60°
最敬礼
主に、別れ際など
でのあいさつで使
う
90°
拝礼
主に、謝罪やお詫
び、深い感謝の意
味で使う

シチュエーションごとに、上手に使い分けたい

から、取り入れてもよいでしょう。神社参拝をするときには、この九〇度の「拝」で行います。

ところで、なぜ会釈のように浅いお辞儀があるかと言えば、昔の日本は階級社会で目上の人が深く礼をすると、目下の人がさらに深く礼をしなければなりませんでした。その点を目上の人が気遣って、あえて浅く礼をすることで目下の人の負担を軽くするという思いがあったと言われています。現代では、どのようなときも浅く会釈をするだけの人を「偉そう」「威張っている」などと評する声が多いですが、人にはそれぞれ心の内に思いや理由、そして事情があります。

お辞儀の深さに限らず、見た目だけで判断するのではなく、こちらから相手を思いやって見えない部分まで深く読み取ろうとする心を持てる人は美しいですね。自分自身の幸せや開運への道は、そこから開けていくのです。

ポイント

運のいい人は……

自分から先に笑顔であいさつ。お辞儀の角度も場合によって使い分けられる。

第4章

運のいい人の言葉遣い

みっつの「こ」のひとつ、「言葉」を極める

冒頭でも記したように、マナーを身につけるには、「心」「言葉」「行動」のみっつの「こ」を意識することが大切です。相手に対するどのような「言葉」や「行動」にも、自分自身の「心」が込められているからこそ、信頼を得られます。心がなければ「形だけ」としか受け取ってもらえず、お互いのハッピーな関係や開運にもつながりません。

私がイギリスに滞在していたときは、言葉が十分に理解できなくても、伝えられなくても、「心」と「サンキュー」のひと言で、素晴らしい関係を築くことができました。とはいえ、ふつうの暮らしにおいて、やはり言葉はコミュニケーションの鍵となります。同時に、言葉は文字に書けば目に見えますし、声に出せば耳に聞こえるので、マナーの型でもある。その言葉は、本当なら相手に対する心・気持ちがあるから発せられるわけです。ですから、自分の気持ちを伝えたい、どのような言葉をかければ相手が喜んでくれるだろう、みんなにとってプラスになるにはどう伝えるべきか——。そんなことを想像しながら、**時には自**

分で言葉を創造して、思いとともに届けましょう。

それに、誰かに感謝や親愛の気持ちとともにプレゼントを差し上げたいと思えば、たいていお金がかかります。でも、言葉はお金をかけずに自分から贈ることができるもの。言葉はとても重要なのです。

人間関係にはイヤなこと、つらいことが山ほどあるかもしれません。でも、たとえば、どうすればみんながウキウキするだろう、あのしかめっ面の上司をどう笑わせてやろうかなどと、自分の視線の角度をちょっと変えて想像してみてください。案外楽しくて、自然と気持ちが明るくなってニコニコしてきませんか？

自分の頭の中で、プラスになることを勝手に想像する。これを愉しみながら遊び感覚で行うことは、お金もかかりませんし、誰に迷惑をかけることでもありません。

そして、もし「これぞ」というアイデアが浮かんだら、

みっつの「こ」は三位一体

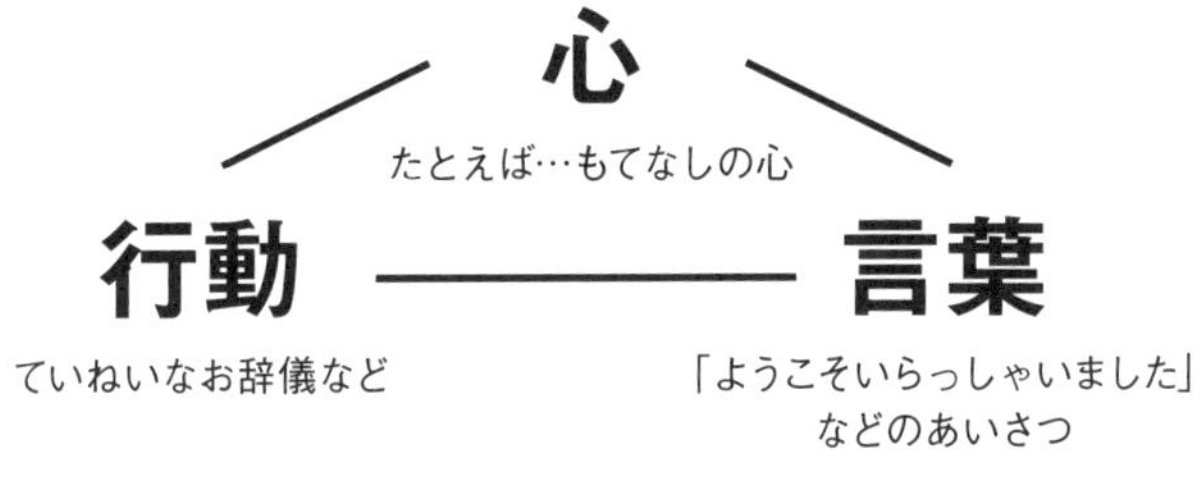

どれが欠けてもよいコミュニケーションはとれません！

実践してみましょう。あなたの愉しさが周りの人にも伝わります。愉しんでいる人たちのもとには運が寄ってきます。

マナーの心があれば、お金をかけなくても、みんなで運がよくなれる術を身につけることができるのです。**マナーは、堅苦しいものではなく、自分で想像し、創造していく「愉しい」ものなのです。**ただワクワクする「楽しさ」ではなく、わだかまりのない気持ちのよい「愉しさ」です。みなさんにもぜひこの至福の「愉しさ」を味わっていただきたいです。

ポイント

運のいい人は……

言葉を大切にし、使い方も工夫し「愉しむ」。

運のいい人は美しい言葉を使う

言葉の使い方には本来、かなり緻密で厳密な型があります。この基本はしっかり覚えておきましょう。最近の企業の新入社員研修で驚くのは、「拝啓」という漢字を書けない人がいること。また、返信は「拝復」から始めることを知らない人はもっと多いです。**正しい敬語や手紙の書き方といった型は、知識として心得ておくと美しいですし、周りの人からも評価されてよい運が巡ってきます。**

職場で人に声をかけるときは「ちょっといいですか?」よりも、「いま、お時間よろしいでしょうか?」と言うほうが礼儀をわきまえていると感じられますし、ご近所の目上の方と別れるときには、「さようなら」より「ごめんください」のほうが洗練された言い回しに聞こえます。ふだんから意識して使うようにすれば、慣れて自然と口に出せるようになるまでそれほど時間はかかりません。

ふだんよく使う言葉の中から、いくつかの美しい言い回しをご紹介しましょう。

◎「今日（きょう）」→「本日（ほんじつ）」
◎「こっち」「これ」「ここ」→「こちら」
◎「さっき」→「さきほど」
◎「すごく」→「とても」「大変」
◎「ちょっと」→「少々」
◎「すぐに」→「さっそく」
◎「どうですか？」→「いかがですか？」
◎「わかりました」→「かしこまりました」
◎「知りません」→「存じ上げません」（人を知らない場合）
→「存じません」（人以外の物事を知らない場合）

ところで、家族や友人、気の置けない職場の仲間と話していると、つい話題が自慢話や人の悪口になっていませんか？　うれしい報告は周りの人にも喜んでもらえますが、話し方によってはただの自慢話に聞こえてしまいます。すると相手にとっては楽しい会話にならないので気をつけてください。また、人のことを悪く言えば、その言葉は巡り巡って、結局自分に還ってきます。自分が言われてイヤだと感じることを、人に対して言わないように意識しましょう。

悪口というのは、自分のことを棚に上げ、相手に矛先《ほこさき》を向けた言葉なので、明らかにマナー違反です。一方で、グチをこぼすのはかまわないと思っています。グチは、自分の思うことを自分に向けて言うからです。グチを言うときのポイントは、自分が困った、落ち込んだ、傷ついた、情けなくなったなど**自分に向けた言葉**で言いましょう。グチを言いながら、相手に矛先を向けてはいけません。

ブルーな気持ちはたまには人に聞いてもらわないと、ストレスになって自分の内側に溜まってしまいます。ただし、自分が困った理由として、誰かのせいだと人を責めるように話してしまえば悪口になります。あくまでグチの範囲に留めるように意識して話してくださいね。そうしていると、いつの間にか、それが自然とあなた自身にしみ込み、意識をしなくても、人の悪口を言わない自分に更新されていきます。更新している最中が「自分磨き」中。更新されたときに「変身」しているあなたになれます。

最近、インターネットのＳＮＳやレビューなどでは、相手を傷つけるようなコメントを見かけることが多いですが、このようなコメントからは、美しさは感じられません。このような場でもマナーは必要です。人に悪意のある言葉を投げつけ、同じように自分もぶつけられるというコミュニケーションを続けていても、幸せにはなれませんし、運も寄ってきません。言葉も大切に使ってまいりましょう。

ポイント

運のいい人は……

美しい言葉を使い、悪口を言わない。

グチのつもりが…

運のいい人は敬語や依頼の言葉を上手に使う

型通りの敬語を話すだけでは、どうしても冷たく聞こえてしまいます。相手に思いやりを持って話すことがとても重要なのですが、**とくに否定の言葉は受け取る側が慇懃《いんぎん》無礼な言葉と感じやすいので、注意が必要です。**慇懃無礼とは、あまりにていねい過ぎて誠意が感じられず、かえって失礼にあたること。

オファーを断られる側としては心理的にカチンときているわけですが、その上に、あまりにもていねいな敬語で伝えられると自分のことをバカにされている、見下されていると感じやすいのです。たとえば、「できかねます」「いたしかねます」といった言葉は、直属の上司のように比較的近しい関係の人には使わないなど、相手との距離感を考慮しながら使い分けることをお勧めします。

私は三三歳のとき、マナー講師をしながら、ある高級ブランドの日本PRディレクターの私設秘書を務めていました。二〇歳ほど年上で、世界を飛び回っているとても素敵な女性です。その方にあるとき、「あなたはいつもニコニコしていて、そつなく言葉もていねいだけれど、慇懃無礼なところが気に入らないわ」と、言われてしまったのです。二〇代からマナー講師になりたいと型を勉強してきて、心が大事と考えながらも、言葉遣いをはじめ何から何まで型通り。二年間お仕事をご一緒しても、そうした態度をまったく崩さない私のやり方が癪《しゃく》に障ったようです。人にはそれぞれ考え方や価値観がありますから、型を破って相手が望むように対応してもいいのだ、と気づいた経験でした。

実際、お仕事で営業を担当している方などは、とくに臨機応変に対応することが必要でしょう。**単純に正しい敬語や態度を続け、人と同じことをやっていてもよい関係は築けません。相手の立場で考え、型から離れて、相手が喜ぶこと、望むことをやろうとする気持ちが大切なのです。**

さて、ていねい過ぎる言葉づかいは場合によって考えものですが、近しい間柄でも伝えたい言葉を発するだけでは角が立つことが多々あります。とくに頼み事をするときは、家族同士でも、部下に対しても「そこの新聞、取って」「急いでコピーしてきて」などと偉そうな命令口調で伝えたら、忙しいときなど必ずムッとされます。

こういう場合は、クッション言葉を加えたり、語尾に「？」をつける伺い型にすること

で、**相手は気分を害さず気持ちよく言葉を受け止められます。**クッション言葉とは、「忙しいところ申し訳ないけれど」「お手数をおかけしますが」「差し支えなければ」「恐れ入りますが」など、相手を思いやるひと言。こうした言葉を添え、気遣いを伝えます。また、「?」をつける伺い型は「〜してくれる?」「お願いできますか?」と、相手の考えや感情を伺う姿勢を取るのです。疑問形にすることによって自分の謙虚な姿勢が伝わりますし、相手は「はい」とも「いいえ」とも答えられる選択権を与えられたと受け止め、好感を持つでしょう。

先ほどの「そこの新聞、取って」は「悪いんだけど、そこの新聞を取ってもらえる?」と言えば、家族は快く手渡してくれるでしょうし、「急いでコピーしてきて」は、「忙しいところ申し訳ないけれど、急いでコピーを取ってきてもらえる?」と頼めば、部下はすばやく済ませてくれるでしょう。身近な間柄だけでなく、電話の応対をしてくれた顔の見えない相手にも「折り返し電話をください」ではなく、「お手数ですが、折り返しのお電話をいただけますか?」と言えば、相手も自分も気持ちよく感じて、そうした積み重ねが自分をもハッピーな気分にして幸せな人生へとつながっていきます。

時にはていねい過ぎる言い方を避け、時にはひと言添えてていねいに。言葉遣いは難し

いなと思うかもしれませんが、それもまた相手の心が微笑むためのことと思えば、喜んで実践していく人に運が応援しないはずはありません。

ポイント

運のいい人は……

型通りの敬語を使わず、言葉を受け取る相手のことを考え、臨機応変に使い分ける。

運のいい人は「言葉の花束」を贈る

私設秘書をしていた年上の女性から、「慇懃無礼なところが気に入らない」と言われたとき、注意を受けたわけですから私も傷つきましたが、一方で大事なことに気づくよいきっかけとなりました。

「守破離《しゅはり》」という言葉があります。武道や芸能の修業段階をみっつに分けて表しているのですが、「守」は基礎となる教えや型を身につけ、「破」では他の流派などからよいものを取り入れて心技を向上させ、「離」では独自のものを確立させるという意味です。私が二〇代の頃は「守」の段階であって、マナーの型にのっとってしっかり務めを果たせば十分でしたが、注意を受けた当時は三〇歳を過ぎ、すでに基礎や基本を身につけていたので、「破」の段階。相手によっては型を破って、先方の望むような対応をしてもよいと気づいたのです。**「マナーは心から」という芯の部分が揺るぎなく身についているから、それができるし、そうするべきだと思ったのです。**

私がマナー講師として、型は相手によって臨機応変に変えてもよいとみなさんに自信を持って伝え始めたのは、この経験があったから。いまでも、あのように言っていただいてよかったと感謝しています。時には傷つくようなことを言われて、それが自分を大きく成長させるきっかけにもなり得るのです。私にとって、慇懃無礼と注意を受けたのはまさしくそういう言葉となりましたし、だから**「言葉の花束」をいただいた**と思いました。

もし、言われた私が落ち込んであの言葉を受け入れず、「自分はマナー講師なのだから」と考え方を変えずに型にこだわり続けていたなら、おそらく私が仕えていた世界的に有名なその女性と良好な関係は築けなかったと思います。

そして、何よりも社会にごまんといるマナー講師の

マナーにも「守破離」が大切

①**守**……基本、教えの「型」を忠実に守る時期

⬇

②**破**……基本に少し、自分の工夫を取り入れる時期

⬇

③**離**……基本を離れて、独自のやり方を身につけ確立する時期

⬇

ただし、基本がしっかりしていなければ発展していかない

中から、マナーの専門家として、テレビ・新聞・雑誌などからの取材を受けたり、NHKのドラマや映画のマナー指導者として選んでいただいたり、名だたる企業のマナーコンサルティングを請け負うまでには、なれなかったと思います。起きたことをポジティブに受け止めて、自分にとってプラスに活かせたからこそ、現在の私があるのです。**みなさんも周りの人から受けた指摘は、うれしい贈り物、つまり「言葉の花束」として一旦素直に受け止めて、納得できる内容であればありがたく自分の成長の糧にしてください。**

逆に、相手のことを思えば、自分から「言葉の花束」を贈ることも必要です。相手との関係を気にして伝えるべきことを伝えないのは、実は自己中心的であってマナーから外れているとも言えます。すでに心を開いてお互いに幸せな関係を築いていれば、相手も上手に「言葉の花束」を受け取ってくれるでしょう。ここで大切なポイントは、相手がうまく受け取れるように、使う言葉や伝え方、言い方を工夫するべきなのは、言うまでもありません。ステキな花束を贈り、また素直に受け取るという本物の関係を紡いでいくその先に、希少価値ある特別な美しい人生が待っているはずです。

ポイント

運のいい人は……

周りから受けた指摘は「言葉の花束」として受け止め、時には相手のことを思い「言葉の花束」を贈る。

運のいい人は自分で言葉を創る

同じ内容を伝えるにしても、言葉の選び方、ものの言い方ひとつで受け取る側の気持ちは変わるもの。誰もが幸せになるためにどう伝えたらよいかを考えるのがマナーです。言葉はいろいろ創ることができますから、**つねに相手を思いやり、自分だったらこう言われたら傷つく、悲しくなるという言葉を避け、逆にどのように言われたらうれしいかを考えて、伝える言葉を創ってみましょう。**

すでに書きましたが、頼みごとを断るときはとくに気遣いが必要です。たとえば今日の四時までにアイスクリームを千個持ってきてという依頼があり、対応できないとなったら、「申し訳ありません。それはできかねます」と答えるのが一般的です。お客様に対する言葉ですから、「できかねます」も慇懃無礼ではありませんが、否定する言葉はどうしても相手を傷つけてしまいます。それよりも「一六時まで千個ご用意することは難しい状況にあります」というように、やんわりした言葉で伝えたほうが断られた印象が弱まります。

加えて、「一八時までお時間を頂戴できれば可能です」などと、できるだけ相手の要望に近づけるような代替案を提案するのがマナーです。単に断るのでなく最終的にはプラスの言葉を使えれば、相手にとっても自分たちにとってもマイナスのイメージが残りにくく、ダメージが少なくなります。

こうして最後をプラスの話で終わらせるほうがよいのは、断る場面だけではありません。自己紹介をするとき、「私は物事を真面目にコツコツ進めますが、少々口下手です」と語るより、「私は少々口下手ですが、物事を真面目にコツコツ進めます」と話したほうが、真面目に頑張れる人という印象が強くなって、自分の長所をアピールできます。また、子どもに小言ばかり並べるとうんざりされるので、最後にはよいところをちゃんと褒めてあげると、子どもは

上手な言葉の創り方

自己紹介など

例

◎私は人一倍頑張り屋ですが、人見知りします！……✕
◎私は人見知りしますが、人一倍頑張り屋です！……◯

子育て

例

◎あなたは素直だけど、落ち着きがないわね。……✕
◎あなたは落ち着きがないけれど、素直だね。……◯

「褒められた」とうれしくなり、「もっと頑張ろう」と意欲がムクムクと湧いてくるはずです。これを後によい言葉を伝えることから「後よし言葉」（マイナス・プラス法）といいます。

ところで、言葉を創るには同じもの、同じことを、違う方向から見るとよいヒントを得られます。「どれでもいい」と言えば興味がなさそうで相手もがっかりしますが、「どれもいい」と言えばすべてを気に入ってくれたように聞こえます。「あの人は人付き合いが下手だよね」と言えば、ともすれば悪口にも聞こえますが、「あの人は控えめな性格だよね」と言えば人柄について述べているだけです。

相手に言いにくいことはダイレクトに伝えず、言葉を創って工夫しながら、伝えるべきことを誤解されずに伝えましょう。自分の創意工夫で、周りの人たちを幸せな気分にできるのですから、誰よりもあなた自身がマナーの愉しさ、充実感を味わえます。

ポイント

運のいい人は……

同じ物事も伝え方（言葉）によって受け取り手の印象は変わる。「後よし言葉」などを使い工夫して気持ちよいコミュニケーションをとる。

第5章

運のいい人のコーディネート

おしゃれと身だしなみの違い

服装やヘアメイク、みなさんはどのようにコーディネートしていますか？　色やファッションには各自好みがありますから、それぞれに、シーズンの流行を取り入れつつおしゃれを楽しんでいることでしょう。でも、装いは相手や周りの人から見られているもの。マナーでは自分が好きだから着るだけでなく、相手や周りの人がどう思うかという視点が必要です。**おしゃれは自分中心で、身だしなみは相手中心。それが、両者の違いなのです。**

言葉遣いでは、相手を思ってこういう言葉を使う、使わないと考えますが、身だしなみも同様で、相手が見てどう思うかが判断の基準となります。結婚式やお葬式の参列にはこういう服装で、という話題は一般的なマナーとしてよく取り上げられていますが、ふだんの装いでも周りの人の目を意識するのが身だしなみ。そうすれば、「なんだか最近、ステキね！」などと褒められることが増えて、自分も周りの人もハッピーな気分になるはずです。

ただ、自分であれこれ考えているだけでは、周りの人の目に自分のファッションがどう見えているのかはわかりません。とくに「色のトーンが暗くてジミ」といった批判的な意見は、相手が感じていても言いにくく、なかなかあなたの耳には入ってきません。

そこでお勧めしたいのが、**友だちや先輩、家族など親しい人たちに「最近、私の服装で何か気になることがあったら言って」などと、自分から「言葉の花束」をいただけるよう尋ねてみること。**気づかないうちに恥をかくくらいなら、身内に指摘してもらったほうがよいでしょう。それでも相手が遠慮するようだったら、「指摘してもらったほうが私のためだから」と、諦めずにお願いしましょう。

おしゃれと身だしなみの違い

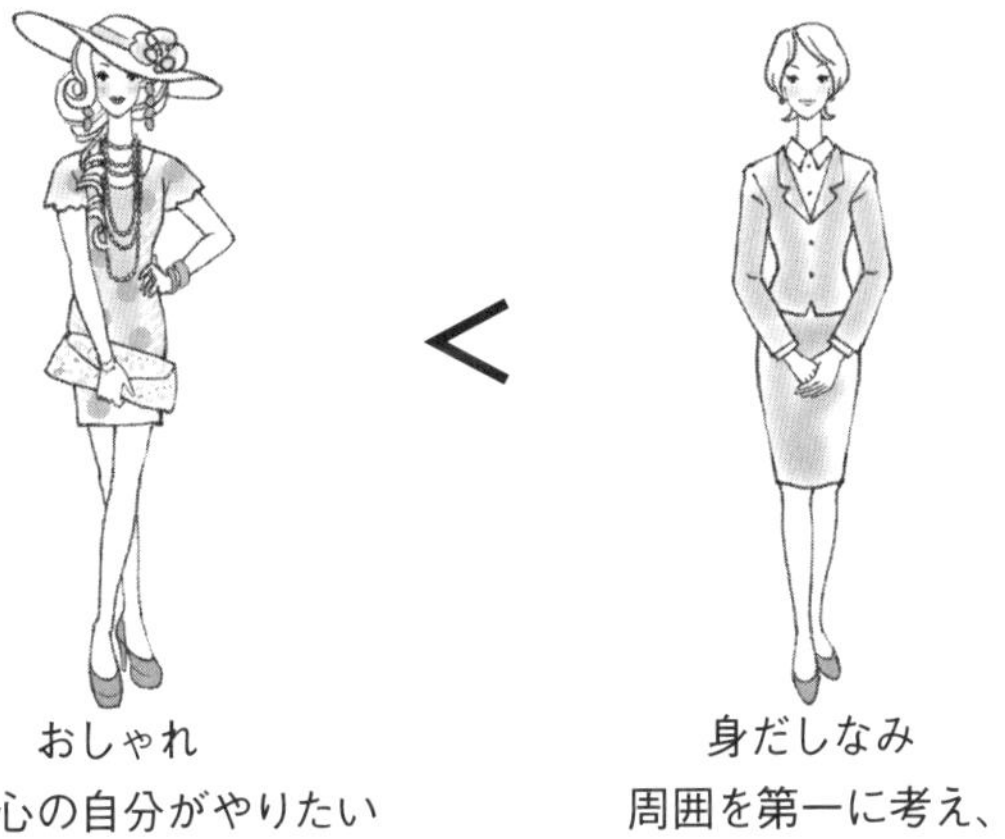

自分中心の自分がやりたいファッション

周囲を第一に考え、不快感を与えない配慮

恥ずかしがり屋で、自分からそんなことを頼めないという人は、ぜひこれを機会に、勇気を出して、自身の心の扉を開いてみましょう。せっかくマナーで開運したい、幸せになりたいと、この本を手に取ってくださったのですから、親しい人に尋ねてみて、その人の意見に耳を傾けてみてください。すると、あなたを幸運・開運から遠ざける原因となるボトルネックが外れて、そこから一気に幸運・開運体質へと変わっていきます。

いくつになってもオープンマインドで、人の話を素直に聞き入れる柔軟さを持てば、人は成長し変わっていきます。そして、それが幸せな日々へとつながります。年齢も性別も関係ありません。同じ話を聞いても「それって難しいよね」などと言って変わろうとしない人は、人生もそのまま。**でも、変わろう、変わりたいと真剣に思い、努力・行動する人には、必ずプラスになって自分に還ってくる。つまり自然と運がついてくるのです。**

美しい装いとは、自分を知ることから始まります。そうした意味でも、周りの人の意見を大いに参考にして、どんどんステキになりましょう。

ポイント

運のいい人は…… **おしゃれよりも、身だしなみを大切にする。**

運のいい人は「TPPO」をわきまえる

よく「服装はTPOに応じたものを」と言われますが、**私は「TPO」を「TPPO」と言い換えています。**TIME（時）、PLACE（場所）、OCCASION（場合）のほかに、相手からどう見られているかが大事なので、**PERSON（人）、そして、そのときの自分に置かれた立場、POSITION（立場）を加えています。**

冠婚葬祭、格式の高いレストランやコンサートなどのドレスコードは、それぞれ意味を持った決まり事。せっかく設けられた場でふさわしくない服や小物を身につけていると、周りの人たちの気持ちもざわついてしまいます。服装やメイクをするのは、TPPOに合わせながら自分の内面の美しさをわかりやすく表現するため。ルールやタブーを知って、その範囲内で自分らしい装いをしましょう。

日常生活においても同様です。職場によっては服装が自由なところもありますが、ファッション関係の職業でなければ、仕事のときは肌の露出が多いスタイル、あまりにもハデな服装や濃いメイク、素足につま先が見えるサンダルなどは避けたいもの。社内の人だけでなく、仕事の相手先がどのように感じるのか、想像してコーディネートしましょう。ちなみに、私は出版社やテレビ局の方など、ラフな装いの方とお目にかかるときは、自分もあえてラフな服装を選んでいます。するとよく「スーツなど持っていないので恐縮しながらの訪問でしたが、ホッとしました」と言われます。**相手に窮屈な思いをさせないように型を破るのも、美道の守破離にのっとったマナーです。**

また、誰かのお宅を訪問する場合は、座ったときにひざが見えないようにスカートの丈には気をつけて。夏でもよそのお宅に裸足で上がるのは失礼なので、必ずストッキングをはくのがマナー。前傾のお辞儀をすることも考えて、胸元が大きく開いた服も要注意です。

一方、パーティや雰囲気のよいレストランでの食事に出か

TPOではなく、TPPPO

TPOとは	TPPOとは
T……TIME（時）	
P……PLACE（場所）	＋**P**……PERSON（人）
O……OCCASION（場合）	＋**P**……POSITION(立場)

TPOも大事だけれど、人（相手）が何より大事。

けるときは、自分らしさを活かした華やかなファッションに挑戦してみましょう。ふだんと違う装いが周りの人たちの心をつかんで、思わぬ幸運を呼び込むかもしれません。とはいえ、どのようなＴＰＰＰＯでも、清潔感の漂うファッションが基本です。装いはそのシチュエーションに応じて、その場所の環境に調和するものを身につけ、相手に対する気持ちを表現するものです。

ポイント

運のいい人は……

ＴＰＯはもちろん、プラスふたつのＰで相手に配慮する。

運のいい人は「自分の季節」を知っている

装いの中でも、色は人に与える印象が強い要素です。自分に似合う色を身につけていれば、見ている相手もしっくりとなじんだ印象を感じて心が落ち着きます。しかも、似合う色というのはその人自身の素の部分もきれいに映し出すので、相乗効果でステキなコーディネートとなって、周りの人たちが自然とハッピーな気分になります。

また、「カラーセラピー」という言葉があるように、色には人の心を癒す効果がありますから、ふだんの生活から上手にファッションやメイクに取り入れて、自分自身もハッピーに過ごせるのです。

では、どのような色を身につければよいのでしょう。**各自の目、肌、唇などの色や骨格から雰囲気の合う色を見つける、「パーソナルカラー」というシステムがあります。**アメリカで生まれたもので、その人を春夏秋冬の季節に当てはめて、そこからどのような色が似合うかを診断します。自分がどの季節なのかを把握すれば、色も選びやすいのでお勧めです。

まずは鏡の前に立って自分の顔を見て、直感的に自分の顔がどの季節かを選んでメモしてください。もし迷ったらふたつ書いて、どちらかと言えばこちらと思うほうに○をつけておきます。次に、友人や家族数人に「私は季節で言えば、どの季節に当てはまると思う?」と訊いてみましょう。もちろん、それぞれの方の答えもメモします。そして、みなさんの診断を聞いた上で、改めて自分の季節を診断してみてください。季節にはそれぞれのよさがありますから、春夏秋冬、どの季節と言われてもイヤな気持ちにはならないので、周りの人にどんどん訊いてみましょう。自分がこんなふうに思われていると知るのはうれしいものです。

それぞれの季節に合う色をご紹介します。

「春」の人には、穏やかな優しい暖かさを感じさせるペールイエローやペールピンクなどのペール系がマストです。また、青系統で楽しみたいのなら、パステル調の色も似合います。加えて、ふわふわタンポポをイメージさせる色や型や素材も似合います。避けたほうがよいのは、濃くて暗い色やくすんだ色です。アクセサリーは、光る素材よりも、小振りなマット系が似合います。

「夏」の人には、少しパールグレイが混ざったようなローズピンクやスカイブルーなど、蜃気楼をイメージさせる雰囲気のある色が似合います。ベーシックカラーは明るくてソフトな色で、ブラウン系ならココア、グレー系はブルーグレーがお勧め。そのほか、黄色だったらパステルレモン、緑はブルーグリーン系を選ぶとステキでしょう。苦手なのは、鮮やかな原色、オレンジやキャメル色などの黄みが強い色です。素材はシルクなどの艶感があるもの、アクセサリーは、光る素材が似合います。

「秋」の人は秋の風景そのままに、豊潤で深みのある色がぴったり。紅葉の時期の山をイメージしてみてください。深紅や輝くような銀杏《いちょう》を彷彿《ほうふつ》とさせるイエロー、マスタード。それに山々のモスグリーン、実りあるプラムなど、深みのある色を華やかに見せることができます。ベーシックカラーは、栗のような濃いブラウンや深みのあるダークグレー。それらに、マスタードや深紅でアクセントをつけるとステキです。薄くて軽やかな色、鮮やかすぎる色は顔がくすんで見えてしまうので避けましょう。アクセサリーはキラキラ系ではないマットなものが似合います。

「冬」の人は純白、黒、赤、ロイヤルブルーなど濁りのないハッキリとした原色が似合い、モノトーンコーディネートも上手に着こなせるタイプです。ナチュラルなブラウンやベージュ系、暖かみのあるオレンジ系は避けます。アクセサリーは、パール系や光り物が似合います。

ただし、欧米の人とは違って、日本人はひとつの季節に収まらない人がほとんどです。私の場合は、夏がメインですが、春の要素も入っていて、秋も少し入っています。すなわち、日本人は多くの色やアクセサリーが似合うことを意味しますので、クローゼットに、ダークな色味しかない人は、ぜひ、ご自身の季節に合う色味のものも取入れていきましょう。いきなり洋服の色で印象を変えるのが不安な人は、まずは、小さな小物類やアイシャドウ、リップなどのメイクの色からでもかまいません。自分に似合う色味を身につけるだけで、グッと印象がよくなります。このように、いままでの固執した自分から思い切ってチェンジすることも、自ら運を開いていく秘訣です。

ポイント

運のいい人は……

コーディネートで、相手も自分も自然とハッピーな気分に。

運のいい人は「自分の色」を知っている

いま何色の服を着ていますか？　クローゼットには何色の服が多いですか？　**朝、選んで着る服の色には、その日に望むことが表れています。いつも身につける服の色には、潜在的な気持ちが表れているのです。**

たとえば黒は、あまり自分の内面を見せたくない、終止符を打って新たな一歩を踏み出したいといった気持ちを表し、ベージュは目立とうとせずに心が落ち着いていて、人を安心させる人柄を表します。赤であれば、前向きでやる気たっぷりですが、さらなる情熱を求めている一面も。着ている服やクローゼットの中の色は、いまの人生を表していると言えます。

これまでのパーソナルカラーの診断で、自分の季節や似合う色を知って、驚いた人も多いのではないでしょうか。マナー講習でこうした色の話や診断をすると、好きな色、持ち物に選んでいた色と全然違うという人がたくさんいて、「こんな色の服、着たことがない！」

と言われます。自分の思い込みで似合う色を身につけないなんて、もったいないないですよね。**自分の色を知って、ファッションやメイクの色を少し変えるだけで、もともと持って生まれてきたあなたの魅力がパッと一瞬にして輝きます。周りの人たちに与える印象が変わり、自分自身の気持ちも変わって、人生までも変わっていきます。**

そして、色はこれだけ大きな意味を持っているのですから、自分の判断だけではなく、一度カラーの専門家に見てもらって、自分が属する正確な季節、似合う色を知るのもいいかもしれません。

すでにそれぞれの季節に似合う色を紹介しましたが、そこで書いたように同じ系統でもさまざまな色があって、たとえばピンク系が好きなら、どの季節でも合わせられるピンク系の色が見つかります。

「春」の人なら黄色みを帯びた明るくソフトなコーラルピンク、「秋」の人には黄色みを帯びて濃くくすんだサーモンピンク、「冬」の人はビビットでセクシーなマゼンタ、ショッキングピンクがお似合いです。「夏」の人はピンクがとても似合って、ベビーピンクから桜色、青みがかったソフトフクシャという色まで上手に使いこなせるはず。

ただ、いざ買い物するとなると、初めのうちは似合う色の服や小物を選ぶのは難しいの

自分に似合う色の簡単チェック法

似合った色
自分の目に視線が行く

似合っていない色
服に視線が行く

で、お店で簡単にチェック&判断できる方法をお伝えしましょう。**鏡を見てその色の服を体に当てたときに、自分の目に視線が行けば似合っている証拠です。服に目が釘づけになるようだったら、自分がその色の服に負けてしまって似合っていません。**見ている相手もマイナスな気持ちになるので、避けたほうが無難。これから洋服を選ぶときに参考にして、ぜひ意識してみてください。

　とはいえ、自分に似合う色を知ったからといって、すぐにワードローブやメイク用品を一新するわけにはいかないでしょう。まずは、「差し色」として取り入れるところからスタートしましょう。

たとえば口紅の色を変えたり、スカーフやバッグなどの小物で色を加えて、シーズンの変わり目には似合う色のアイテムを買い足していく。こうして新しい自分を知って、開運しましょう！

私がパーソナルカラーを学んだのは、二八歳からイギリスに留学するまでの三年間。毎週一回、マンツーマンで先生のご自宅に伺って、色を自分で創り出すところから学びました。色には、さまざまな色があるわけですが、初回の講義の際に先生から、「好きな色と嫌いな色を選んで」と言われたので、私はそれぞれ選びました。すると先生はこうおっしゃいました。「色と人はイコールなので、色に好き嫌いがあるうちは人に対しても好き嫌いという感情が生まれるから、マナー講師の仕事をしてはいけない」と。

当時は、「マナー講師として独立をして本格的に頑張っていこう！」と思っていた矢先だったので、先生からのこの言葉はとても重く、心に突き刺さりました。しかし、この言葉があったからこそ、いまの私が存在することも言うまでもなく「本物」とは何かということまで、教えてくださった貴重なひと言でありました。

先生は、講師として人前に立つ仕事をする以上は、人に対して好き嫌いの感情を持たず、誰に対してもニュートラルな心で接することの大切さをこのひと言から教えてくださったのです。確かに、受講者の立場にたったときに、講師から「嫌いな人」「苦手な人」などと思われていたらショックですよね。

その後、私は思いました。このことは、講師でなくても、仕事をしている人や、子育てをしている人、みんなに言えることではないか、と。たとえば、母親が好き嫌いの激しい人だと、お店で自分の嫌いな色の野菜や果物を手にしないでしょう。するとそれらの食材を子どもに食べさせてあげることができません。また子どもの服を選ぶときも同様です。「この子に似合う色」ではなく、自分の好きな色しか選びません。これは、家庭内マナー違反です。そして、幼い頃に食べたものや、身につけてきた色は、その子の嗜好や思考にも影響するとも言われています。自分の好き嫌いが原因で、子どもの可能性を狭めることは、思いやりの真心マナーに反しています。

つねに「自分本位」ではなく、「相手」にとってプラスになること、相手に似合う色は何か、という「相手中心」の意識を持ち続け、日常の生活を過ごすことがマナーの本質です。このマナーの原理原則から外れずに生きている人に、神様は幸運というごほうびを、年に一回は必ずプレゼントしてくださいます。

さて、嫌いな色があった私が、その後、どのようにしてそれをなくしていったかというと、嫌い、苦手な色のカードを毎日のように持ち歩き、嫌い、苦手な色の小物をあえて身につけることで、色の好き嫌いを克服しました。

心を開いて誰でも、どんな色でもニュートラルな感情で接することの大切さ。そして、人にも色にも感じることは、プラスのことのみであれば、相手もうれしいですよね。

自分に似合う色を身につけ周りも自分もうれしい気分になって、周りの人がどんな色を身につけても受け入れ、幸せな関係を築けば運もついてくる——まさしくマナーと色で紡ぐ開運の日々が待っています。

ポイント

運のいい人は……

自分に合う色使いをして、色の好き嫌いがない。

運のいい人は自分を若く魅せる術を知っている

アンチエイジングのために、心がけていることはありますか？　お肌を念入りに手入れしたり、エクササイズで体を鍛えたりするのもよいですが、もう二〇代ではないからファスト・ブランドは卒業とか、四〇代になったのだから落ち着いた色やデザインの服を、などと言っていたら、どんどん見た目年齢がアップしてしまい、下手をすれば実年齢より上に見えてしまうことも！　色についてはこれまでにご紹介した似合う色を取り入れるとして、服の選び方は要注意です。

マナー講師としていろいろな人たちを見てきて感じることがあります。**小学校の先生など子どもたちと日々接している人たちというのは、みなさん、はつらつとしていてあまり年をとって見えません。**二〇代の若いスタッフがたくさんいる会社の社長も、六〇代、七〇代というのにずいぶん若い印象を受けます。幼い子どもや若者たちと長く過ごしている環境が、気づかないうちにその人の気持ちを若々しくして、実年齢より若く見せているのでしょう。

服装にも周りにいる人たちと同じ効果があるのではと思っています。ふだんから若者が好んで着るような服を身につけていれば、どこかいきいきと元気に見えて、逆に落ち着いた色やデザインの服を着てばかりいるとそれ相応の落ち着きを感じさせて、見た目も相応になってしまう。

私は三〇代半ば過ぎで結婚をし、それを機にこれからは奥さんらしい、落ち着いた服を選ばなければならない、と思うようになりました。そういう気持ちが心のウエイトを占め始めると、なんと、体重、ウエイトもみるみるうちに、二〇kgも増えてしまった経験があります。四〇代になって「私は一生、このままの体型なのかな……」とふと思ったときに、気持ちを切り替えて二〇代向けのファッションブランドの服を買うようにしました。

店内には、二〇代の若い女性たちがいます。その中で試着をし、そこから出て鏡を見る。するとおもしろいことに、やはり気持ちが若くなるのです。それに、若者向けのブランドは価格が手頃なのもよいところです。着始めた頃は、学生がリクルートスーツに「着られて見える」のと同じでしっくりこないのですが、日々着ていれば、若者らしいデザインも次第に自分になじんできます。ちょっとした冒険のように気持ちがウキウキ楽しくなって、細胞が活性化して代謝がよくなり、なんと、とくにダイエットをしようと思ってしたわけでもないのに、みるみるうちに、結婚前の体重に戻ったのです。「四〇代でもこの洋服をステキに着こなしたいな」など、そのような気持ちが芽生えたのでしょう。身につける装いの影響力をあらためて感じた実体験でした。さまざまなことが起きた四〇代ではありましたが、おかげさまで、内面も外面も学びと充実の貴重で幸せな一〇年間であったと、心からすべてに感謝してそう言えます。

もちろん、ＴＰＰＯに応じた装いをすることは大切なことです。しかし、ふだん着に若者向けの洋服を取り入れることで若々しさにつながっていくのかもしれません。なにしろ実体験に基づいていますから、ぜひプチ整形などではなく、若者向けブランドでアンチエイジングしてみてください。

ポイント

運のいい人は……

あえて実年齢より若い服を着る。

第6章

運のいい人の贈り物

マナーにのっとった日常での贈り物

どうしたらあの人が喜んでくれるかな。「いつもありがとう」の気持ちを形にして贈りたい――。贈り物にも、そんな気持ちを込めるのがマナーです。お中元にお歳暮、誕生日、お祝いなどと決まった時期や記念日はもちろんですが、日常で、いつもお世話になっている人や大切な家族、友人にちょっとしたものでもプレゼントすると、相手は思いがけずあなたの心を感じる機会となり、温かい気持ちになるでしょう。

どのようなときでも、贈り物は相手の喜ぶものを考えます。どこかに出かけた際のお土産も、相手が食べたい、使いたいと思わない品物では、「形だけ買ってきました」と、言外に伝えているようなもの。そうならないために、**日頃のコミュニケーションの中で、相手がどんなものが好きで、何を喜ぶのかを知るアンテナを張っておきましょう。**いつも忙しそうな人にはバスソルトのような癒しグッズ、料理好きな人には旅先の珍しい調味料など、贈り物選びのヒントがたくさん見つかります。

ところで、日本でもようやく日用品を買うときにマイバッグを持っていき、レジ袋をもらわない習慣が広まりましたが、アパレルやおしゃれな雑貨のお店では、プレゼントと伝えなくてもていねいに（過剰に）包装してくれます。でも、いまの時代、自然環境のことを考えれば、結局はゴミとなる包装用品をできるだけ使わないのが環境・自然に対するマナーです。海外では何を買っても袋にポンと入れるだけで、贈り物と伝えても、その袋にリボンをつけたり、簡単にシールを貼るだけと、とてもシンプルです。時には商品にそのままリボンをかけることもあるくらい。

本来マナーでは、手提げ袋に入れたまま贈り物を手渡すのはNGですが、エコを考えれば品物を包装せずに袋に入れ、リボンをつければそれでよい場合もあります。過剰なラッピングより、言葉や態度で十分相手に気持ちが伝わることがあります。ですので、互いのハッピーを生み出す美道としては、逆に贈り物をいただくときは、きれいに包装されていないと失礼だと思うことがマナー違反。相手にはなんらかの考えがあって、ラッピングをシンプルにしているかもしれないのです。そうした相手の気持ちをおもんぱかる優しさ、思いやりを持っている人が、美しい人であり、真のマナー人と言えましょう。

過剰包装を避けるお店もだんだん増えてきています。贈る人も、受け取る人も、商品を販売するお店も、みんながお互いに理解し合って、自然、地球に思いやりを持てる世の中になってほしいものです。

ポイント

運のいい人は……

相手の喜ぶものを、シンプルな包装で贈る。

運のいい人の贈り物テクニック

贈り物についての基本知識も知っておきましょう。

お中元は関東と関西など、各地で贈る時期が異なります。お中元は関東では七月上旬〜一五日、関西では七月一六日〜七月末。贈る相手の地域に合わせて手配をするのが、心配りともいえます。

お歳暮は関東では一二月上旬〜一五日。関西は一二月一五日から一二月二五日くらいまでと言われていたり、一二月一〇日から二〇日までに贈るという説もあります。四国地方は、一二月一〇日から一二月二〇日までに贈るとおっしゃる人が多く、移民の多い北海道では、元々いた地域の慣習があるため、一二月上旬から二五日くらいまでに贈れば問題ないとされています。東北や九州地方では、一二月一五日から二五日くらいまでに贈るのが一般的です。しかし、お正月に召し上がっていただきたいということで、生ものを一二月三〇日や大晦日に届けたり、贈ったりすることもあります。もともと、お歳暮は、感謝の品を持参し、日頃お世話になっているその気持ちを御品として手渡しするものでした。しかし、時代は変わり現代では配送するのが一般的になりました。

このように地域や相手との関係性などによって、贈る時期はさまざまです。そして、何よりも、時期という型を優先させるのではなく、遠方の家族や相手様に対する感謝の気持ちを込めて贈ることが大切です。

いずれもお世話になった方への感謝を伝える意味がありますが、年に一度どちらかにという場合は、お歳暮を贈ります。お付き合いが疎遠になって、それまで贈っていたお中元やお歳暮を止めたい場合は、まずお中元を控えてからお歳暮を止めます。また、部下や目下の人からのお中元、お歳暮には基本的にお返しは不要ですが、何かの折にお土産などでお返しをする気持ちは持っていたいものです。

贈り物のマナーで心得ておきたいのが、品物選びのタブーです。たとえば、現金や商品券、ギフト券は、基本的に目上の方には贈りません。低く見られていると感じる人がいるからです。目上の方には、ほかにも靴や靴下、スリッパなどの履きものは「足で踏みつける」を意味するので避けるとされています。時計やかばんは「勤勉に」、筆記具は「より精進を」、ベルトは「気を抜かないよう」という意味があり、いずれも上司の栄転祝いや退職祝いなどには向きません。

結婚祝いには「切れる」「壊れる」「別れる」という言葉を連想させる包丁やはさみ、陶器、ガラス製品などがNGと言われています。けれども、親しい間柄なら相手に希望を訊いて、欲しいと言われた場合はかまいません。これからの生活で本当に必要とするものをプレゼントするのが一番です。また、セットで贈る場合は割り切れる偶数を避けるのがマナーですが、最近では一ペア、一ダースであればかまいません。

出産祝いは、生まれて一週間後から一か月頃までに贈ります。品物に決まりはありませんが、生まれてすぐ使うものは身内で用意していることも多いので、半年経った頃に使えるベビー用品が喜ばれます。また、マザーズバッグなどママが使うグッズもオススメです。こちらも親しい間柄なら相手に尋ねるのがベストです。

意外と無頓着な人が多いのですが、気をつけたいのは異性への贈り物です。肌につけるようなもの……下着や香水はもちろん、アクセサリー類も恋人同士でなければNGです。ネックレスやリングは、相手への好意を表すと言われていますし、ネクタイピン、さらにはネクタイにも同じ意味があります。男性への贈り物にネクタイなどはちょうどいいように思われがちですが、誤解されないように気をつけましょう。

気をつけたい　NGな贈り物

目上の場合
◎現金など…低く見られていると感じる人も
◎靴・靴下など…「足で踏みつける」を意味することも！
◎その他、品物によって意味がある場合があるので、ご注意を

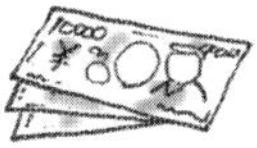

結婚祝い
◎「切れる」「壊れる」ものは基本NG。ただし、親しい間柄で要望があればOK

異性の場合
◎下着、香水、アクセサリーは恋人同士以外はNG
◎男性への贈り物では、ネクタイ・ネクタイピンなどは誤解のないように

とくに配慮が必要なのは相手が既婚の場合で、贈った物によってその方のパートナーが不快な思いをするかもしれません。既婚の男性管理職の中には、異動の際に、同僚たちの連名とは別に、既婚の女性部下から個人的にネクタイピンを贈られ、それを持ち帰ったところ、奥様がよい気持ちにはならずに困ったという話しも聞きます。せっかく思いを込めて贈るものなのですから、相手や家族に気を使わせない、余計な不安を抱かせないような心遣いは必要です。もし、身につけるものを贈りたいのであれば、ご夫婦お二人ペアのものを差し上げるなどの配慮は、相手や場合によっては、必要なことかもしれません。

贈り物はおおいに想像力を働かせて、相手も相手の周囲の人たちも、そして自分もハッピーな気持ちになるものを選びましょう。

ポイント

運のいい人は……

NGな贈り物、とくに異性への贈り物には気をつける。

運のいい人はメッセージを大切にする

贈り物は、できれば相手にお祝いや感謝の言葉を述べながら、手渡しするのがベストです。かつてはお中元やお歳暮も、先方へ持参し「いつも大変お世話になっております。心ばかりですがご笑納ください」などと手渡しするのが一般的でした。**しかし、近年はお店から送ってもらうことが主流となっています。この場合は自筆のメッセージを添えることで、直接出向くことはできないが気持ちを込めて贈っているという思いが伝わるでしょう。**

改まって長文の便りを書こうとすると、なかなか筆が進まないこともあり、かえって、時間が経ってタイミングを逃すことになりかねません。手紙や葉書など、文字を書くことに対して気負う人もいらっしゃると思いますが、ここは、気を楽にして、ほんの一筆、「いつもありがとうございます」だけでかまいません。書かないよりは、ひと言でいいから気持ちをしたため、メッセージとともにお届けすることをお勧めします。

メッセージの添え方は、お品の箱を開けるとそこに入っているという形がもっとも気持ちが伝わるスタイルです。なぜならば、事前にメッセージを自筆で書いたカードをお店に持参しお願いをするからです。また、インターネットなどで注文する場合は、同様のカードをお店に送り、ひとつひとつ入れてもらいます。面倒だと思うかもしれませんが、「そこまでやるの⁉」と思われることを行う人に、開運の神様は微笑んでくださいます。

一般的なマナーとしては、贈り物を店から配送してもらう場合、お祝いや感謝の言葉とともに「別便にて△△△をお送りいたしました」と伝える便りを別途送るとされていますけれども、やはり贈り物にどう心を込めているかと伝えるには、品物が届いて開けたときにメッセージを読んでもらうのが一番です。贈る人が一筆を添えるために手間をかけて準備したことは、必ず相手の心に響きます。その響きが開運の神様にも伝わり、神様も感動してくださることでしょう。

ただし、食品を送る場合、生ものでなくても、衛生面から一筆を箱の中に入れるのはNGと、対応してもらえないお店もありますので、事前に確認をすることも大事です。

夏休み時期や年末は先方が長期間留守にすることもあるので、要冷蔵品などを贈る場合には、事前に別便の便りでお知らせするのがマナーとなります。

また、品物に添える一筆を用意する時間の余裕がない、きれいな字が書けないので恥ずかしいとためらう人は、メッセージを印刷ではなく代筆して添えてくれるお店があります。私は、自筆のメッセージを事前に送付したり、時間がないときには、代筆も行ってくれる京都の料亭「和久傳《わくでん》」のオンラインショップにお世話になっています。大変ていねいな対応に老舗の品格を感じます。そして何よりも贈られたみな様に喜んでいただいています。ただし、メッセージカードの大きさの都合上、五〇文字程度のメッセージになります。

贈り物ひとつにおいても、面倒なことを面倒と思わずに、相手様が喜ぶのであれば、喜んで快く行うという気持ちと姿勢、関係者全員がプラスになる美しい関係が、マナーの力で実現します。

旅先のお土産や街で見つけた品物を自分で送る場合は、配送業者に依頼するわけですが、その際、作業を担ってくれる方々にもメッセージを送ると、モチベーションが上がって大切に扱ってくれるはず。たとえば、伝票に「いつもありがとうございます。どうぞよろしくお願いいたします」と書き添えたり、箱や袋に「大切な方への贈り物です。どうぞよろしくお願いいたします」と記すのです。

よく通販で送られる箱などに「大切なお客様の商品です。大切にお取り扱いください」などと書いてありますが、こちらは注意を促す内容です。あくまで配送業者の方々に心配りのひと言を伝えれば、上下関係のない、互いの立場を互いが尊重する公平で美しい関係が築けます。**受け取ったお相手もそのメッセージを見て、送り主の優しい思いやりを感じます。結果、送り主への評価としてダブルポイントがつくわけです。これも、ひと手間かけるマナーの魔法。同じく料理を作るのも、食べる人への愛からなる気持ちで、ひと手間をかけます。結果、いっそう美味しさが増し、食べる人が幸せになり、作り手は感謝され、互いのハッピーを生み出します。幸運や開運は、ひと手間かけてくれる人のそばに近寄っていきます。**

さて、贈り物をいただいた側は、いち早くお礼のメッセージを伝えるのがマナーです。正式なのはお礼状で、品物を受け取ったお知らせと感謝や喜びの言葉をしたためて、三日以内に投函します。もし遅れてしまっても、遅くなったお詫びとともに必ずお礼を伝えます。現在では電話やメールでもよいとされていて、その場合は「お電話にて失礼いたします」「取り急ぎ、メールでお礼をお伝えしますご無礼をご容赦くださいませ」などのひと言を忘れずに伝えましょう。

自分が気持ちを込めて贈り物を選んでいるのですから、いただくときは相手の思いもわかるはず。その品物をどう感じたのか、相手が贈ってよかったと思える言葉とともに心を込めてお礼を伝えれば、お互いに幸せな関係を保ってよいコミュニケーションが続きます。

ポイント

運のいい人は……

可能な範囲でメッセージを同封し、配送の方にも心配りのひと言を書き添えるひと手間を惜しまない。

運のいい人はしきたりにこだわらない

ここまで、贈り物にまつわる「型」を主にお伝えしてきました。そこで、「守破離」であなたが「守」の段階は終わったと思えるなら、**しきたりにこだわらず、時には型を破ってもよいと思います。**とくにお中元やお歳暮は贈る時期を気にする方が多いのですが、その時期は贈り物が集中して、受け取る側のありがたみも薄れる傾向がなきにしもあらず。でも、せっかく思いを物に託して贈るわけですから、相手にもその思いを受け取ってほしいですよね。そのために、あえて時期を外すのも一手です。

たとえば、相手は夏らしい品物をたくさんもらって、お腹だけでなく心もいっぱいになっているかもしれません。お中元の時期を外し、八月末までの残暑見舞いの時期が過ぎ、九月になれば季節とともに旬の果物も変わって、秋の味覚を贈ることができます。そもそもお中元もお歳暮も、日頃お世話になっている感謝を伝えるものですから、いただく側がその時期に何も届かなかったからといって、失礼だと腹を立てるものでもありません。相手にとっては遅れたことより、新しい季節の贈り物を喜ぶ気持ちのほうが大きくなるでしょう。この場合も、そのような気持ちをひと言書き添えたメッセージと共に贈ります。

また、これは贈る側にとってもプラスとなります。夏休みや年末年始は入り用が重なって懐が寒くなる時期。余裕がないときに無理をして、儀礼的に物だけ贈ってしまうより、一か月遅れても、気持ちに余裕があるときに落ち着いてメッセージを書き、贈っても感謝の思いは伝わるはずです。**その際に添えるメッセージには、お中元、お歳暮に遅れた言い訳などは一切書かずに、日頃のお礼と、旬の品をお楽しみいただきたいという気持ちを記すだけで十分です。**

私は三三歳頃までが「守」の段階で、マナーの型を徹底して実践してきました。それから、私設秘書をした女性に「慇懃無礼」と言われたことをきっかけに、自分で「破」の段階に進んで、仕事がとても忙しくなったこともあって、時には型を破るようになりました。お中元やお歳暮を贈る時期はよく外しますし、贈り物をいただいたときのお礼状は三日以内に送れないこともしばしばあります。お礼状にも心を込めたいので、忙しいときに急いで書いてしまうとか、秘書に頼んで決まり切った定型文で送るのもイヤで、そうするとかなり遅くなってしまいます。それをマナー違反と言われれば致し方ありません。しかし私はやはり、心が伝わらない型よりも、心を優先させます。

美道では、無理をしてストレスを溜めてはいけません。体を壊しては大変ですから、自分のことも大切にしてほしい。そこで私は、頂き物をしたら、まずは、お電話かメールで御礼を伝えます。これにより、先方様は届いたことに安心します。そして、さらに自筆でお礼状を出すという、ダブルでの御礼をしています。とはいえ、お礼状を遅く出すのは一種の賭けでもあります。相手によっては「失礼なやつだ」という評価をして、それきりご縁が切れてしまうこともあり得ます。それでも後悔しないのであればよいですが、それをイヤだと思う人は、努力して無理にでも三日以内に送るとよいでしょう。どちらを選ぶかは、それぞれの考え方、あなたの生き方によります。

こうしてお礼状を送る側での型破りがあるのですから、**自分が贈ったときにお礼状を期待することは、マナー違反と心得ておきます。贈るときは、自分が相手に気持ちを表したいと思うから贈るわけです。それに対してお礼状がないから失礼とは言えません。**

それに、多くの場合は何かしらの事情があるわけで、表面上の状況だけを見て判断しては、せっかくの素晴らしい方とのご縁を自ら切ることになってしまいます。私が長年季節の贈り物を贈り続けている人の中には、何を贈ってもお礼状も電話もなさらない方がいますが、とてもステキなご婦人で私のことをいつも気にかけてくださり、いざというときに必ず支えてくださいます。また、仕事上のお付き合いで新しい著書を送ることがありますが、お礼のメールはなくとも気づけば新聞やブログなどのSNSで紹介されていて、とてもうれしかったこともあります。御礼の連絡があったとか、なかったとか、そういうことでマイナスな感情を持ってしまうと、あなたにマイナスな運気が近寄ってきます。つねにプラス思考で対処してまいりましょう。

自分自身が相手への思いやりを大事にするだけでなく、相手が自分を思ってくれる気持ちもしっかり受け取り、感謝というプラスの感情や気持ちで、心を満たしましょう。御礼や返信がないという「型」だけにとらわれて、あなたにとって真にプラスをもたらしてくださる**素晴らしい方とのご縁を自ら断ち切ることのないように。もしあなたが、型にこだわる人であるならば、そのこだわりを少し柔らかくしてみましょう。きっとステキな運が舞い込んでくるはずです。**

余談ですが、我が家では毎年夫宛てに、私と二匹の愛犬の名前でお中元とお歳暮が届きます。品物はいつも主人の好きなもので、もちろんメッセージカードつきです。実は年賀状も夫に毎年出していて、同じ家に暮らしているのに、切手を貼った賀状が郵便局の人によって届けられるのです。どちらも、私から夫へ感謝の気持ちを表すものです。

相手を思いやって、ともに運よく歩もうとするマナーは、一番近くにいる人に対して実践できなければ、ほかの人になどできません。私はこうして遊び心を加え、相手の反応を愉しみながら、互いに微笑み合える結果を創造することを常々考えながら生きています。

このようにマナーの力を活用すれば、身内や身近にいる人たちとも、微笑み合える温かく幸せな心が育まれます。

ポイント

運のいい人は……

時に型破りもＯＫ。贈り物をしてもお礼状を期待しない。

第7章

開運食事マナー

食べることは生きること

マナーの目指すところはみんなが幸せとなり、運に恵まれた人生を歩むこと。そのためには、心身ともに健康であることが欠かせません。

食べ方にも当然マナーがあります。テーブルマナーという言葉がある通り、覚えるべきさまざまな型がありますが、ここでもまず胸に刻んでおきたいのは、相手への思いやりが第一という原点です。

そうです、**マナーの相手は人だけではなく物でもありますから、食べ物や食器、カトラリーなどに対しても思いやりを持つことが大切。食べ物はそれぞれの素材のよさをしっかり味わっていただきましょう。**

私は二年ほど前から、料理に一切調味料を使っていません。食事は昼と夕方の一日二食、米やパンなどはなしで野菜と果物中心です。当初は、健康のために始めたのですが、調味料など何もつけずに食べると味覚が鋭敏になり、素材そのものの味がはっきりと感じられるのです。素材ひとつひとつに「この食材にはこんな甘みがあるんだ」とか「これは苦みがあるけれど体によさそう」などと把握できたのも、四〇代後半での発見でした。

年齢を重ねてもまだまだ知らないことが沢山あり、「生涯学びだな」とあらためて感じながら生活をしています。私の真似をして調味料を使わないで、と言うつもりは毛頭ありませんが、使う調味料の量を少し減らすだけでも味わい方が変わるので、ぜひ一度試してみてください。新たな発見は自身の細胞も喜び、内面から生き生きとしてきます。

こうした食べ方をしていると、人付き合いにおいても、一人ひとりが持っているよさを見抜けるようになって、日常の思考回路まで変わりました。そして、何よりもこの食事法を開始後、三か月間で八kg、五か月間で一〇kg、八か月で一五kgと自然に体重が減り、肌に透明感が出て、気持ちまでスッキリ軽やかになりました。

さて、テーブルマナーでは食器やカトラリーはていねいに扱うのが鉄則です。日本食をいただく際は、器を傷つけないようあらかじめ指輪やブレスレットなどを外しておきます。ただし、結婚指輪はつけたままでかまいません。また、乾杯の際はグラス同士を合わさず、お互い目の高さぐらいまで上げて目を合わせたあとに目礼をすると、日本人の奥深い礼節の精神が伝わります。

ワイングラスを持つときは、ボディの部分を持ってよいと言われています。しかし、高級なグラスはとても繊細で破損しやすく、しかも手の温度でワインの温度が上がる可能性もあります。そこで、ステムと呼ばれる脚の部分を持つのがお勧めです。

それから、**マナーの「相手」には自分も含まれていると第1章でお伝えしました。自分の身体……胃や腸、肝臓などの内臓にも思いやりを持って食べることも大事です。**

たとえば、よく噛んでゆっくりのどに通せば、胃に負担がかかりません。私が愛犬の骨折をきっかけに心身の調子を崩してつらい思いをしていたとき、どこの病院にかかってもよくならず、結局は東洋医学の治療院で診てもらって、食事の改善を中心に生活を改め、みるみるうちに回復し、いまではすっかり元気になりました。東京・代々木にある治療院「赤ひげ堂」で勧められたのが、食べるときに一〇〇回ずつ噛むことです。さすがにそれはなかなか難しいですが、時間に余裕のあるときは三〇回ずつ噛んでいます。また、冷たいものは胃がビックリしたり、腸が冷えてしまうので避けています。加えて、大好きだったコーヒーや甘い物が私の身体には合わないと言われたので、口にしないようにしています。

どの食べ物が合うか、合わないかは人それぞれの体質によるようですが、おかげで私は健康を取り戻すと同時にすっきりと痩せて、そのせいか思考力が冴え、仕事もうまく回るようになりました。

食べることは生きることに直結しています。自分が健康で幸せなら、身近な存在である家族も、ペットだって幸せです。だからこそ、食事のマナーの原点を身につけ、つねに健康で美しくなる食べ方も意識してみてはいかがでしょうか。

ポイント

運のいい人は……

食事では、食べ物、食器などにも気を配り、さらに自分の体のことも思いやり幸せになる。

運のいい人の和食の食べ方

ふだんなにげなく食べている和食も、料亭で本格的な会席料理をいただくとなると細かい作法がいろいろあります。**マナーを身につけておくと戸惑うことなく料理を味わえますし、お店に失礼なく、同席した方々に好感を持ってもらえます。**

何より覚えておきたいのは箸の使い方です。箸を持ち上げるときは、まず箸の中央から少し上側を利き手で軽く持ち上げます。次に逆の手を中央から少し箸先側に下から添えて、利き手を箸先とは反対側に滑らせて下側に折り返して、利き手だけで持ち直します。箸は箸置きやお敷きの縁に箸先をかけて置き、器の上にのせる渡し箸はマナー違反です。箸はナイフやフォーク、スプーンのように使い方が限定されている道具とは異なり、シンプルな形でほとんどの料理に使える万能の役目を果たします。その一方で、空箸、持ち箸、探り箸、そろえ箸など、やってはいけないタブーもたくさんあるので気をつけましょう。

和食は洋食と違って、器を持ち上げてもよいところが特徴です。器を持って食べるときは、

箸の正しい取り方・持ち方

① 利き手で箸の中央からやや上を軽く握って持ち上げる

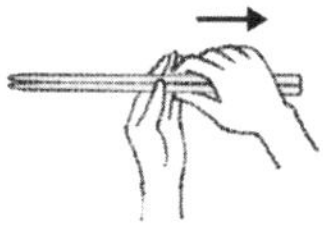

② もう片方の手で、箸の中央から先を下から持ち、利き手を箸先と反対方向に滑らせる

③ 利き手を自然にひっくり返し、利き手のみで持つ

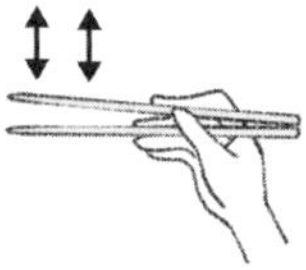

④ 箸の正しい持ち方は、上の箸は人差し指と中指、下の箸は薬指と小指で支えて親指を添える。動かすのは上の箸だけ

まず器を両手で持ち上げ、利き手と反対の手に載せて、利き手で上から箸を持ち上げます。次に利き手と反対の手に器を持ったまま、その手の中指と薬指で箸を挟むように受けて、利き手を箸先とは反対側に滑らせて下から持ち直せば、食べることができます。ただし、持ち上げてもよい器は、手に収まる大きさまで。盛り合わせの器や大鉢、脚つきのお重、平皿などは持ちません。

　また、お椀などふたのついている器は、利き手とは逆の手で器を押えながら、利き手でふたを横から持って、少しひねるようにふたをずらします。そして、ふたの裏を手前側に向けて裏返し、ふた裏のしずくを落としてから、両手でお敷きの右斜め上外へ置きます。お敷きのない場合は、お椀の右斜め上に置きます。食べ終わったら、ふたを出てきたときと同様の型、元通りにして戻します。

魚は、上身背の左側からひと口ずついただきます。頭つきの場合は、懐紙を用いて頭の部分を軽く押さえると手を汚さず美しく食べやすいです。上側の半身を食べ終えたら、骨を頭ごと外して皿の奥向こう側に寄せ、残りの半身をいただきます。骨

代表的な箸のNGあれこれ

空箸…………… 料理に箸をつけて、取らずに箸を置くこと
持ち箸………… 箸を持った手で食器などを持つこと
探り箸………… 箸を使って汁物などの中を探ること
そろえ箸……… 口、器などを使って箸の先をそろえること
寄せ箸………… 箸で器や茶碗などを引き寄せること
渡し箸………… 箸を器や茶碗などの上に置くこと
迷い箸………… 料理の上で迷って箸を動かすこと
重ね箸………… ひとつの料理ばかり取り続けること
掻き箸………… 器に口をつけて箸で掻き込むこと
直箸…………… 大皿から自分の箸で料理を取り、取り箸を使わないこと
ねぶり箸……… 箸についた食べ物をなめて取ること
立て箸（仏箸）‥ ご飯などに箸を立てること
二人箸………… ひとつの料理を二人で箸で取ること
受け箸………… 箸をもったままおかわりをすること

を外さずにひっくり返したり、骨の間から身を食べるのはＮＧです。

そのほか、よく出されるお刺身の食べ方も覚えておきましょう。まず盛り合わせの場合です。器には複数の刺身が盛られています。左手前の刺身から食べ始め、時計回りに食べ進めていくのがマナーとされています。そのため、味の淡白な白身が、左手前に盛られ、時計廻りに、赤身、脂の多い味の濃いものへという順番で盛られていることが多いと思います。また、わさびを醤油に溶いてつける人が多いのですが、せっかくすり下ろしたわさびの風味が飛んでしまうという理由から、刺身に直接好みの量をのせて食べるとよいでしょう。醤油をこぼさないよう、小皿を持って食べてもかまいません。逆に手皿を添えるのはマナー違反なので、行わないように注意してください。

同じく出されることの多い天ぷらも、味が淡白なものから濃いものへと食べ進めるのが理想。また、器にきれいに盛りつけられている料理は、なるべくそれをくずさないように上や手前から食べるのもマナーのひとつなので、合わせて覚えておきましょう。

和食は二〇一三年にユネスコの無形文化遺産に登録され、世界的にも大きな関心が寄せられています。**評価されたのは料理の内容だけではなく、和食をめぐる文化全体であって、それを考えると私たち日本人が創り上げてきた和食にまつわるマナーもまた、その大事な**

要素とも言えます。誇らしい気持ちになるとともに、せっかくですから、ぜひ多くの方に身につけてもらいたいと願います。

ポイント

運のいい人は……

和食のマナーを身につけて、余裕を持ってゆっくり味わうことができ、同席する人にも優雅な印象を残す。

運のいい人の洋食・中華料理の食べ方

洋食はナイフやフォーク、スプーンのカトラリーで食べますが、大方ご存じのようにテーブルに並んでいる外側から順番に使っていきます。右利き、左利きに関わらず、ナイフを右手、フォークを左手に持つのが一般的です。西洋では、元々が左利きの人でも、カトラリーの持ち方は、右にナイフ、左にフォークを持って食べるよう、幼い頃から教育を受ける人が多いようです。もちろん、利き手でなければ力の入らない人などはその限りではありません。

実はマナーの型は、相手にメッセージを伝えるサインの役割があります。たとえば、ナイフとフォークの置き方もそのひとつです。皿の上にハの字型に置けば「まだ食べている途中です」の意味で、ふたつを揃えて置くのが「食べ終わりました」と知らせるもの。いずれもイギリス式、フランス式、アメリカ式の三式の型が存在します。

それぞれに置き方が異なりますが、共通していることは、ナイフの刃を必ず内側に向けることです。ナイフの刃を外側に向けてはいけません。相手に向かって刃を向けることになるからです。これも、日頃から意識をしていないと、刃を外側に向けている人が多くいらっしゃいます。これは絶対に行わないように要注意です。

　料理は左からひと口大に切って食べます。切った後にナイフを皿の上に置き、フォークを右手に持ち替えて食べるのはアメリカ式で、失礼に当たりません。ただ、料理を切るのはあくまで食べるひと口ごとにです。最初

フォークとナイフのマナー

◎食事中の休みのサイン

フランス式
ハの字

アメリカ式
ハの字＋柄をテーブルの上に置く

イギリス式
ハの字＋先をクロスさせる

◎食事終了のサイン

フランス式
４時の位置

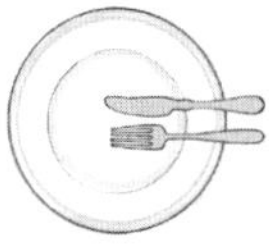

アメリカ式
３時の位置

イギリス式
６時の位置

にすべて切ってしまうと、旨みを損なったり冷めてしまうので、「美味しい料理を美味しく食べてほしい」と心を込めて作ってくれた人に失礼となってしまいます。

ナプキンは、そのテーブルで主賓となる位の一番高い目上の人が手に取ったら、ほかの人もひざに掛けるというのがマナーです。自分よりも目上の人がまだ取っていないのにナプキンを取るのはタブーです。ナプキンを取るタイミングは、着席をしたらすぐに取ってもかまいませんが、飲み物を注文した後にひざに掛けるのがスマートです。

ナプキンはふたつ折りにして「わ」（やま形）になったほうを手前に向け、太ももからひざの上にかけて置きます。口元を拭くときは、上側の表で拭いてもかまいません。しかしそうすると汚れが見えてしまうので、左端の上裏を使うと汚れが見えず美しいでしょう。

また、中座の際にはナプキンを座面に、帰るときはテーブルの上に置きますが、いずれのタイミングもきれいにたたまず、見苦しくない程度に丸めておきます。ナプキンを置く場所は、お店の人に中座なのか帰るのかを伝えるサインですが、外国では帰りにナプキンをきれいにたたむと、料理が口に合わなかったというメッセージになってしまうと言われているので、気をつけてください。

中華料理店の個室は、回し台がついている円卓の席が多く、その場合、上座は入り口から見て一番奥の席で、その席から見て左が二番目、右が三番目と交互に下座となっていきます。円卓の回し方は時計回りが正式です。もしも、誰かが誤って反対に回してしまったら、そのまま左回しにするのが、誤った人に恥をかかせないマナーとなりましょう。このときに、二番目の上座に座っている人は、間違ったことに対してマナー違反とは思わずに、おおらかな気持ちをもって接することで、真のマナー人となり、神様からのごほうびをいただけることでしょう。また、人の分まで料理の取り分けはしないのがマナーです。自分が取り終わったら次の人に回します。

料理を取る際は、逆さ箸にしないことも気をつけましょう。また、中国では器を持ち上げず、テーブルに置いたままで食べるのがマナーです。料理を取り分けるときは、取り皿を料理の近くに寄せてテーブルに置き、食べるときはれんげを受け皿代わりにして食べます。れんげでスープを食べるときは、持つところのくぼみに人差し指を入れて持ち、れんげの先に口をつけるようにして使います。れんげの横から食べるのはNGです。

そのほか、中華料理には手を使って食べる料理が多く、手が汚れたらフィンガーボウルで片手ずつ指を洗って、ナプキンで拭きます。回し台は料理を取り分ける場所なので、大皿と調味料以外は置かないのがお約束。つい自分の取り皿やグラス、半分ほど残ったビー

正しいれんげの使い方

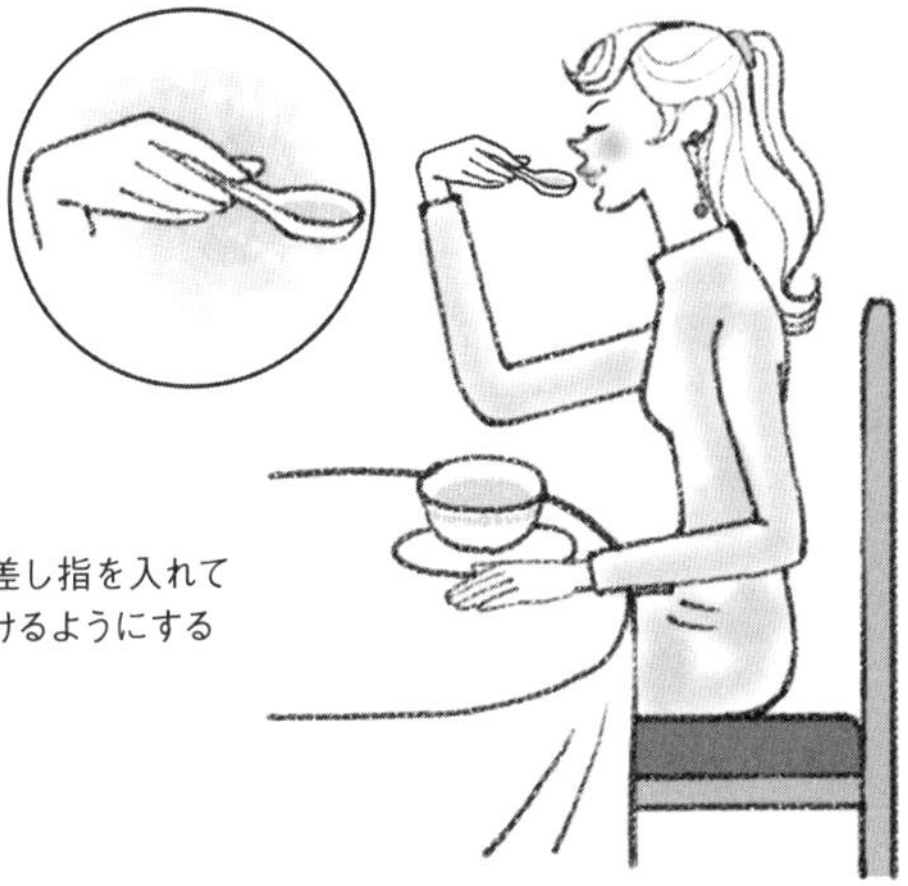

持つところのくぼみに、人差し指を入れて
持ち、れんげの先に口をつけるようにする

ル瓶などを置くと、お料理といっしょにほかの人のところまで回ってしまいます。

日本食に加えて洋食と中華料理の基本的な型を知っておけば、たいていの外食シーンでは落ち着いてスマートに振る舞えます。

食事のマナーでもっとも大切なことは、みんなと一緒に愉しく美味しい食事をいただきながら会話をし、よいコミュニケーションをとることです。そのためにも、よい表情や態度も欠かせない要素となります。さらに、見知らぬ隣りの席の人や、お店の人、料理人の人たち、全員と心を微笑み合いながら食べることが、極上のテーブルマナーです。

ポイント

運のいい人は……

洋食・中華料理、それぞれの最低限のマナーを身につけて、余裕を持って周囲の人たちと愉しく食べる。

運のいい人のお酒の飲み方

お酒も美しく、エレガントにいただきましょう。**宴席は大事なコミュニケーションの場のひとつです。付き合いだからと形だけで済ませていたお酌も、自分から心を開いて相手への思いを込めれば、さらによいご縁へとつながるかもしれません。**

注ぎ方のマナーは、お酒の種類によって違いがあります。ビールはビンに貼ってあるラベルを上にして、ラベルを隠さないように片手でビンの下のほうを持ち、もう片方の手で下側から支えます。指はきれいにそろえましょう。初めに勢いよく入れて泡を立て、だんだん勢いをゆるめて静かにグラスの縁まで注ぎます。泡がグラスの上層部三割ぐらいを占めるのが理想です。

ビールは注ぎ足すと味が落ちると言われていますので、お酌は相手のグラスが空になってからがよいでしょう。相手のグラスの中身が少なくなっていたら、「ビールはいかがですか?」と声をかけ、相手が飲み干すのを待って注ぎます。中が残ったままグラスを差し出される場合は、注ぎ足してかまいません。

自分がビールを注いでもらう場合は、飲み干してからお酌を受けましょう。本来グラスは傾けず、底に手を添えて注いでもらいます。海外では注いでもらうときにグラスを傾けません。もともと泡のないビールが多いからです。グラスを傾けるのは、日本独特といっても過言ではないでしょう。グラスを傾けることで、注ぐ人が注ぎやすく、泡も立ちやすくするための思いやりからなる心、すなわちこれがマナーなのです。

日本酒は、とっくりの胴の部分を利き手で持ち、下側にもう一方の手を添えて注ぎます。熱燗のときはふきんなどを使って持っても大丈夫です。基本的に、相手が手に持った盃に注ぐのが決まりと覚えておいてください。注ぐときは、とっくりが盃に触れないように気をつけて、注ぐ量の目安は盃の八分目までとします。

お酌を受けるときは、まず盃を手に持ちます。盃の美しい持ち方は、盃の上のほうを親指と人差し指でつまみ、中指、薬指、小指は底の部分を受けるように持ちます。もう一方の手を底に添えるとエレガントです。男性の場合、盃は、片手で持ち、親指と人差し指の間に口をつけて飲むと通な飲み方となります。

ワインもビールと同じくボトルのラベルを上向きにして、利き手で底のほうを持ち、片手で注ぎます。しかし、慣れていない人はもう片方の手を下に添えてもかまわないでしょう。注ぐ量はグラスの三分の一が目安です。注いでもらうときは、グラスに手を触れずテーブルに置いたままでかまいません。グラスの持ち方は、前述の通り、ステム（脚）の下の部分を親指と人差し指と中指で持ち、ほかの指を軽く添えて持ちます。グラスは、基本的に片手で持ちますが、立食パーティーなど、乾杯の前に立っているときなどでは、もう一方の手を底に添えてもかまいません。ただし、飲むときには添えずに片手で飲みます。

ワインに空気を含ませるときは、テーブルの上にグラスを置いたまま、ベースの部分に近いステムを親指と人差し指、中指で軽く握り、時計と反対周りの左に回します。慣れている人で、グラスの高さによっては、人差し指と中指でステムを挟み、それぞれの指をベースの上に置いて左回しにしてもかまいません。左回しにする理由は、万が一ワインが飛び散ったとき、自分にかかるようにという心遣いの表れです。右回しにすると、相手に向かって飛び散りますからね。

このほか、グラスに口紅がついてしまったら、親指のハラの部分でそっと拭いて、その指をナプキンで拭います。ナプキンやハンカチでグラスを直接拭くのは、グラスを傷つけてしまう恐れがあるので避けます。また、グラスに口紅がつかないよう、先にナプキンで

さまざまなお酒のマナー

ビールを注ぐとき、
注がれるとき

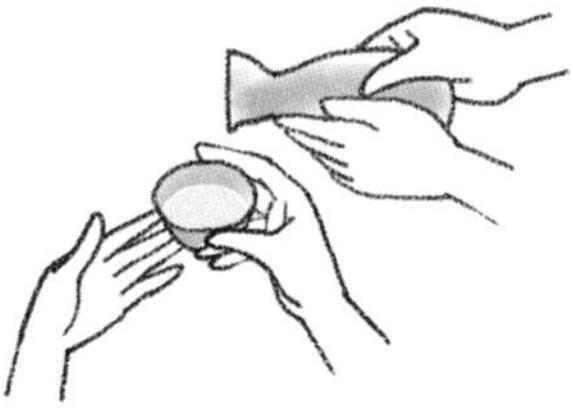

日本酒を注ぐとき、
注がれるとき

ワインを注ぐとき、
注がれるとき

ワインに口紅が
ついたとき

口元を軽く押さえておくのがスマートです。
宴席ではお酒を勧められることも多いですが、酔ってしまっては、他者に目を配り、配慮できる余裕がなくなり、美しく振る舞うことができなくなります。**自分の適量を踏まえ「これ以上は……」と感じているときにお酌をされそうになったら、盃やグラスの上に手をかざすと、「もうこれ以上は飲めません」というサイン（合図）になります。**ただ、何も言わないのも失礼と感じる方もいますので、「ありがとうございます。もう十分に頂戴しました」と、サイン（合図）とともに言葉もつけて、ていねいにお断りしましょう。

ポイント
運のいい人は……
宴席は大事なコミュニケーションのチャンス。マナーを心得、お酒をほどほどに楽しみながら、ご縁を深める。

運のいい人の外食先での振る舞い方

食事のシーンでは、同席している方々に対して、そして料理や食器に対しても思いやりを持つのがマナーですが、**レストランなどに出かける際は、お店のスタッフとも良好な関係を築くこともマナー人の証です。**正しいテーブルマナーでしっかりサインを送ることはもちろん、鍵となるのはステキな表情とあいさつ、コミュニケーションです。お店の方々と親しくなることは、結果的に得することがたくさんあります。

スタートは予約をするときから。電話越しなら明るく爽やかな声で、丁重な言葉でお願いします。ネット予約の場合は、メッセージ欄に「よろしくお願いします」とひと言書くだけで、受け取った相手は感じがよいと思うことでしょう。アレルギーなどで食べられない食材があればこのときに伝えます。また、誕生祝いや記念日といった特別な意味のある食事であれば、その旨も伝えると、特別な計らいを提案してくださることでしょう。

当日は、微笑みを浮かべたステキな表情で過ごして、お店の人には「よろしくお願いします」「ありがとうございます」という言葉をきちんと伝えます。イギリスのオックスフォードに滞在していた頃、とても印象深く感じたことは、レストランなどで飲み物や料理を持ってきてもらうたびに、お客さんがその相手を見て「サンキュー」とお礼を伝えることです。お皿を下げてもらうときも同じく「サンキュー」です。また、スタッフのみならず、ほかのテーブルに着いているお客様にもアイコンタクトを取ったり、見知らぬ人にも「どう、美味しい？」と話しかけたり、**そのお店にいる人たちと一緒に素晴らしい時間を過ごそうという気持ちを、どんなときにもどんな場所でも惜しみなく伝えていく姿に、人としての奥深い品格を感じました。**

優秀な人材がそろうオックスフォード大学の街という場所柄だったのかもしれませんが、誰もが自然にそういうコミュニケーションをとっていて、こうした光景は日本では見られないと思いました。オックスフォード大学のコレッジのひとつ、ニューコレッジでは、「マナーが人を作る」という意味の言葉をコレッジのモットーとして掲げています。現地の人たちはみんなマナーとは相手の立場にたつことと心得ていて、それが日常生活に浸透していました。たとえば、扉の開け閉めをするときは必ず振り返って、誰かがいれば開けて待っていますし、バス停で居合わせると見知らぬ人にもあいさつをします。お互いがよい気持ちになる環境を作ろうという意思があり、それを実感する場面に毎日遭遇し、心が豊かになっていくことを日々感じながら生活していました。

話はそれましたが、**本来のテーブルマナーとは、決まり事の型通りに間違わないように食べることではなく、自分たちだけでなくお店のスタッフ、ほかのすべてのお客様や、料理・食器などの物たちとも、その場を楽しく共有しようと思う心なのです。**型は二の次、三の次。だからこそ、周りの人たちに違和感が生じないよう、心地よく過ごせるよう、そこで自分が見せる表情、態度、あいさつ、言葉遣い、身だしなみに心を配ることがとても大事なのです。

そして、自分の心を開いてお店の人には必ず「美味しかったです」と言葉を掛ける。もし何か気になったことがあれば、クレームや注意として、人前ではなく、こっそり伝える。使う言葉は失礼のないように上手に選ぶことで、値引き目当てのクレーマーと思われず、あなたの格が上がります。クレームや指摘は、お店にとってはサービス向上など、プラスとなる言葉の花束です。思うことがあっても、何も言わずに去るのは時として、お店にマイナスとなりうることもあります。

相手のためと思い、クレームや注意をすることは、心を開いている証拠。その気持ちが伝わり、「このたびは、大変申し訳ございませんでした。ほんの気持ちです」とドリンクやデザートを余分につけてくれたり、仕事上の接待と伝えると丁重に扱ってくれたり、よい席に通してくれることもあるかもしれません。このような対応を受けたなら、それを当然のことなどと思わずに、有り難いと感謝します。

こうした幸運は、自分たち以外の人は眼中にナシという態度では得られません。相手を思えばこその心を開いたコミュニケーションで運は開くのです。

ポイント

運のいい人は……

ステキなコミュニケーションを心がけ、同席する人はもちろん、お店のスタッフをはじめ、そこにいるすべての人々と楽しくプラスを生み出す時間を共有する。

第8章

運のいい人の
お金との付き合い方

お金とは何か？

硬貨や紙幣などの「お金」はなぜ作られたのでしょう。まだ、貨幣や紙幣がない大昔の人々は、何かサービスを受けたらその対価を「物」で支払っていました。また、互いに相手の物を欲しいと思えば、物々交換をしていたわけですね。しかし、一方は欲しくても一方には欲しいものがなければ、互いのハッピーは生まれません。そこで、時代とともに、貨幣や紙幣としてその「価値」に相当する「金」が存在するようになりました。**お金を払うというのは、相手が作る物品、提供するサービスの価値を評価し、同時に相手に敬意を表すことなのです。**

ところが、いまの世の中では、お金が硬貨や紙幣といった「物」として扱われてしまい、一円玉や十円玉の小さなお金を部屋に散らかしている人も少なくありません。相手に対する気持ちを表す「価値」をぞんざいに扱う人にお金の神様は微笑んでくださるでしょうか。私がみなさんにマナーを伝えているのは、永続的に幸せになっていただくためです。そのためにお金は欠かせません。ですから、**たとえ一円玉でもその大切さを理解して、気持ちを込めてお金を扱い、相手に敬意を持って支払うことで、お金の神様はあなたを見放すことはしません。また、そうした気持ちがあれば、無駄遣いをすることもありません。**

そして、いま自分の手元にあるお金を「自分のもの」と思わないこと。相手の気持ちが「価値」として自分のところに来てくれているのです。「ありがとうございます」と感謝の気持ちで、人様の気持ちを一時的に預かっているという意識を持てば、お金を大事にするはずです。

人によって、どのくらいのお金を持っ

お金が貯まる人、お金が貯まらない人の思考法

お金がないという現状

貯まらない人	貯まる人
↓	↓
不幸だ	そのまま受け止める
↓	↓
意識がマイナスに	どうプラスにするか考える
↓	↓
気力ダウン	行動に移す
↓	↓
お金がないまま	価値を生み出せればお金が貯まる

ていれば満足するのかは異なりますが、まずは自分のいまの環境に感謝することが大前提です。お金がなくて不幸だと思えば、意識がマイナスの方向に向かってしまい、何かをやろうという気力も出なくなり、結局お金は貯まりません。**落ち込むのではなく現実を受け止めて、そこからどうやってプラスを生み出せるかを考え、行動に移すことが重要なのです。**お金が欲しければ、相手に「価値」を提供することが必要ですから、まずは人とコミュニケーションをとらないと始まりません。その中で、相手が価値を感じるものを自分が生み出せるかどうかです。

自分が努力するより「宝くじでも当たらないかな」などと思っている人は、少し考え方を改めましょう（笑）。幸運にも宝くじに高額当選することは、確率的に滅多にあることではありません。

宝くじに限らず、思いがけない高額の収入があったときは、何かよいことをコツコツと行い続けていて、それを見ていた〝神様からのごほうび〟ととらえてもいいでしょう。一方で、大金が入ることで、何かを試されているのかもしれません。大金を持つことで、そこから人生の歯車を狂わせてしまう人もいます。自分に起きるすべてのことは、自身の魂を磨く、学びのために起きること。自分の身に起きたことに対して、そこから何を思いどうするか、何を学ぶかが試されているのです。
マナーを心得てお金に敬意を払っていれば、仮にどれほどの大金が当たっても動じることなく上手に活用できるはず。そうでなければ、驚くほど短い期間で使い切ってしまうでしょう。ずっと幸せでいるために、お金に対してもマナーの気持ちを忘れずに、お金のマナー道も心に留めておいてください。

ポイント

運のいい人は……

お金に敬意と感謝の念を持ち、一円でも無駄にしないが、「自分のもの」という執着は持たない。

私のお金にまつわる壮絶体験！

私がみなさんにお伝えしているマナーは、すべて自分自身の体験から学んだことが基になっています。**お金についても同様で、私が大事なマナーとしてお金について語っているのも、大変な思いをした経験があるから**です。

私の父は会社を経営していて、一時期はとても成功して私と弟は何不自由なく育ててもらいました。ところが、そのうち経営が傾いて借金が膨らみ、私が二九歳のときに父は自死しました。相続は放棄しましたが、保険金の受け取りという形で私たちに七億四千万円というお金を父は遺してくれたのです。ほぼ半分は税金として納める義務がありますが、その分を除いても大きなお金です。ただ会社としては取引先への未払いがありましたし、父を信頼して融資してくださった銀行にもお返しできていませんでした。

そうした方々の気持ちを裏切ってはいけないですし、困っている人がいるのに自分たちだけがそのお金をもらうことはできないと、当時の私は考えました。そこで、父の会社に二億円を寄付という形で納めたり、その他、未払いと言われてこられた方に多額を支払いました。

これでお金の整理ができたと思っていたところに、突然、国税局から支払命令の通達がきたのです。「え？　私はすでに一億円以上を納税しているのに……」と、何かの間違いだと連絡をしてみると、なんと、弟が相続税を払っていないから、連帯責任者である私が納めなければいけないというのです。その額は一億円以上です。お金の整理を終えた私に、もうそんなお金はありません。弟に事情を聞き出すと、あっという間にギャンブルでお金を使い果たしてしまったというのです。国税局の方とは、いろいろとお話をし、書類を書いて証明書などをそろえ、心を開いて自分の今後も含めて現状を伝えて、弟の分として四〇〇〇万円を納税しました。

その後、弟はたちの悪い人たちに金づると目をつけられ、お金を巻き上げられた挙げ句、軟禁されていました。その人たちは私のところまで押しかけてきて、弟にお金を貸しているから返せと言ってきたのです。私は探偵を雇って弟を探して助け出し、離れて暮らす母のところに帰しました。

私もさすがに疲れ果て、父が命と引き換えに遺してくれた最後のお金を使ってイギリスに渡りました。もちろん、マナーについて、マナーの本場と言われるイギリスでもっと深く学びたいという思いもあってのことです。このような体験を経て渡英したオックスフォードでは、思ってもみない素晴らしい出会いがあり、現在のマナーの専門家としての私があります。父が遺してくれたほとんどのお金を自分のためではなく、他者のために使いました。しかし、その結果、お金ではけっして買うことのできない大切な「人」との出会いをいただけたことは、いまの私、そしてこれからの私にとって、けっしてなくなることのない財産を得たと思っています。

その後、帰国し、会社を立ち上げてから弟に手を差し伸べたこともありましたが、結局彼は更正できず、父同様に自ら命を絶ちました。弟を守ってあげることができなかった不甲斐なさを感じましたが、すでに結婚をして嫁いでいた私としてはやるだけのことはやったので、悔いはありません。あとは自分が頑張って幸せに生きることで、父や弟に恩返しをしたいと思うのみです。

父が遺してくれた大金を、亡き父の会社の取引先への支払などに充てるよう寄付をした私は、周囲からは非難も受けました。しかし、私の気持ちは前述の通りです。父が遺してくれたお金は父のお金です。ご迷惑をかけている取引先や、亡き父のためにも、できる範囲で、父に汚名が残らないようにしたいという気持ちでいっぱいでした。あれから二〇年。現在、私も会社を経営している身です。正直なところ、父の会社に寄付したお金が今手元にあったら……、と思ったことは何度もあります。しかし、過ぎた事はいまさらどうにもならないことですし、現在の私があるのは、父や母、弟のおかげだと感謝して、その思いを糧に努めています。

お恥ずかしい話ですが、五年前の愛犬の骨折、壊死、断脚で体調をくずしたとき、思うように仕事ができなくなった時期があります。すると、当然お金を得ることもできません。会社を維持していくために生まれて初めて金融機関から融資をしてもらって、初めて借金を抱えました。ところが、それでもうまく回らず自己破産をしようかと思うほどのピンチに陥ったときがあります。そのときに夫から「僕はひろ子さんを助けない」と言われました。その夜は、生まれて初めて死にたいと思いました。でも、翌朝、私は彼に「あのように言ってくれてありがとう」と心から感謝のお礼を伝えました。

そして、自分でなんとかしようと奮起して、保険を解約したり、昔、父に買ってもらった装飾品など、処分できるものをすべて処分して現金に換え、なんとかやり繰りしながら仕事に励みました。そして結果的にその年は過去最高の売上を生み出しました。夫の言葉は私の性格や性質を知り抜いての言葉。あのようなつらい言葉を言わせてしまったことを、深く反省すると同時に、本当に有り難い、心からの言葉だったと深く感謝しています。後からわかった話ですが、サラリーマンの夫は私のために最後の最後で私を救うべく、お金の準備をしてくれていました。現金が手元にないとき、それでも屋根のある家に、夫と愛犬たちと一緒に生活させてもらえていることに、心の奥深くから感謝しましたし、私とともに仕事をしてくれているスタッフや講師たちにも、有り難い気持ちでいっぱいでした。また、私を信じて学びに来てくださる生徒さんやクライアントに対しても同様です。その気持ちは、いまでも続いています。いまは、お世話になったみなさんに恩返しをすべく、感謝の気持ちを忘れずに、できることをただただひたすら行うのみです。

お金は人生を大きく変える「魔力」を持っていますが、必要以上に怖がることはありません。お金は人々の気持ちがこもった大切なもので、それがいま自分のところに来てくれているのだから、「ありがたい」と感謝するもの。そして、現金はいつかどこかで必ず他者や自分を助けることができるものでもあります。そのためにも、ある程度の貯蓄は大切なことです。それが、私が人生で学んできた運のよいお金との付き合い方です。

ポイント

運のいい人は……

お金の持つ「魔力」を理解しつつ、必要以上に怖がらず、お金、すなわち、人の気持ちに心から感謝する。

運のいい人のお金の稼ぎ方

お金を稼ぐことについて話をすると、恥じらいがない、品がないと思われる方がいますが、**お金は幸せな人生に必要で他者をサポートするにも大切なものですから、何も恥ずかしがることではありません。**お金がなければ、精神的な余裕も物質的な懐の余裕もなくなり、そうなると、自分のことに精一杯となり、相手の立場にたったり、思いやりを持つことは難しくなります。ですから、自分作りにおいて、〝お金を稼ぐ〟ことも必要なのです。それに、お金を稼げば税金を払いますから、それによって社会への貢献にもつながります。

ただ、稼ぐことばかりに夢中になると、どうしても自己中心的になりがちです。相手のことをさておき自分のことしか考えず、いかにたくさん利益を得るかという点に意識が集中してしまうと、それはマナーの考え方から外れてしまい、運から見放されてしまうのです。

とくに最近はブログやSNSを使って、あまりよいと思えない商品まで「使ってよかった」と紹介してお金を得たり、ひどいものでは詐欺まがいの内容の教材などを高額で売りつけるといった行為が横行して、問題になっています。

お金を稼ぐことは大切なことですが、稼ぎ方においては相手がプラスになる商品やサービスをしっかり提供していくことが、何より重要です。相手の立場にたたないマナーのないやり方で商売を始めても、一時期は売上げがあるかもしれませんが、マナーがなければ長続きはしません。それは、私の実の親の人生を見てきた実体験からも言えることです。一時期は順風満帆だとしても、それが長続きしなければ、人生という長い尺度で見ると、けっしてたくさん稼いだわけではないという結果が待っています。

また、会社に勤めてお給料で生活している人であれば、日常業務の中において、職場の人たちに対して思いやりを持ち、最低限であるマナーの基本五原則……表情、態度、あいさつ、身だしなみ、言葉遣いを、気持ちよく受け取ってもらえるように努めることが肝心です。そうした日々の積み重ねによっていただくお給料なのです。

働いたのだから給料は振り込まれて当たり前、会社に対して不平不満がいっぱいあって、感謝の気持ちもないけれど、給料は当然のこと、という気持ちは、会社の立場にたてば、なんとなく悲しい気持ちになってしまいます。もちろん、お給料はもらって当然と言えるのですが、そこに、少しでもいいので、会社に対して感謝の気持ちを持つと、幸運に出会える機会が増えてくるはずです。給料を振り込みではなく、社長や上司から手渡しされると想像してみましょう。そのときに、あなたは黙ってそれを受け取るでしょうか。きっと「ありがとうございます」と感謝の言葉を発し、お辞儀をしたりもするでしょう。それが人と人、人と会社との自然で美しい姿だと思いませんか。何度もお伝えしますが、幸運や開運は、澄んだ美しい心を好み、そこに近寄ってきます。

自分で事業をするにしても、勤めるにしても、お金を稼ぐ以前に、人から求められる信頼を稼ごうとする気持ちが大切で、そこを感じた相手がお金という価値を与えてくれるのです。お互いに気持ちよく感じられる方法で、互いのプラスを生み出し、しっかりお金を稼いで、運がついてくれるよう、澄んだ美しい心を持ち続けるために、マナーの精神で自分磨きを続けてまいりましょう。

ポイント

運のいい人は……

お金を稼ごうとするのではなく、まず、信頼を稼ごうとする。

運のいい人のお金の使い方

お金は使わなければなくなりません。無駄なことには使わないようにして、マナー人としては、**自分だけではなく家族や周りの人たちみんなにとってプラスになるような、相手のことを思った使い方をする。そうすれば、神様はそれを見ていて、その人に必要な運を与えてくださると思います。**

金銭的な余裕がないときには、できるだけ安く買いたいと思うのは当たり前で、節約は生活する上で大事なことです。でも、人によっては「安い値段で買う」ことが目的になってしまい、効率を考えず「少しでも安いものを」と遠くのお店まで買いに行ったりすることも。しかし、よくよく考えたら、その交通費や時間など、トータル的にはどうなの？という事態も。また、母親が節約のことばかり考えるため、子どもが自分のことを見てくれないと寂しく感じ、心身を病んだり、非行に走ってしまうようでは、本来の意味を成しません。自分では善かれと思って行っていることが、実は自分自身にストレスを与えていたり、それが家族や社員といった周りの人にもストレスとなってしまい、結局はストレス発散などの反動でお金を使ってしまったり、病気になって医療費がかかる事態を招くこともあり得ます。

会社の節約も、家族の節約も、個人の節約も、それはあくまで将来の夢や希望、理想を現実にするための手段。そして、自分だけでなく周りの人たちと一緒に向上するための方法です。そのことを忘れず、周囲とのコミュニケーションをとりながら、節約をしながらも、心は豊かであるよう努めましょう。それに、お金を使う相手のことも考えて、お金を使ってくれた人には感謝をし、その人にとってプラスになる商品やサービスを提供すること。一方、定価より安くしてもらったら感謝して、次回もまたそのお店で購入するなど、ご恩返しをしようという気持ちを持ちましょう。**そうした心持ちでいればお金に好かれ、お金というのはお金に好かれた人のところに集まってきます。**

一方、それほど切り詰めなくてもよい場合、がんばって働いてお金を稼いだら、買い物をしたくなる気持ちもわかります。自分へのごほうびもステキなこと。ウキウキして、「これからもっとがんばろう」「使った分の倍のお金を稼ごう」とやる気が湧いてきます。少々の浪費も、周りに迷惑をかけない範囲ならよいでしょう。それもまた、その人の生き方で

多少の浪費も…時にはOK

すから。ただし、「こんなにお金を使っちゃった」「来月からの返済はどうしよう」などと後悔してはいけません。それなら、買わなければいいのです。お金と引き換えに自分の元にきてくれたごほうびという品物に感謝して、それを自分のプラスの力に変えていけばいいのです。

繰り返しますが、お金に対しても思いやりを持ち、いま自分の手元に来てくれているお金に対して「感謝」と「おもてなし」の気持ちを持ちましょう。お金を「もてなす」のです。そうすれば、ていねいに、大切に、大事に取り扱うことができますよね。

ポイント

運のいい人は……

「安さ」などに振り回されず、みんなの利益も考え、手元のお金を「もてなし」ながら大切に使う。

第9章

運のいい人の人付き合い

押えておきたい対人関係の基本

人とのお付き合いは、まず自分が相手に心を開くことから始まります。人にはそれぞれ心地のよい付き合い方がありますから、誰に対しても気さくに接する人か、あまり親しげに近寄られるのが苦手な人か、**相手のタイプに応じてちょうどよい距離感を推し量り、コミュニケーションを取っていきましょう。**

お付き合いにおいて言葉はとても重要なもの。言い方ひとつで、お互いの距離が近づくことも遠のくこともあります。**ぜひ第４章で取り上げた言葉遣いのマナーを実践してみてください。**

近年、企業の新入社員研修でビジネスマナーの講義を行って感じるのは、気軽な話し方をする若者が多くなっていること。先輩や上司と話す場合、相手が目上の人だと認識して敬う気持ちはあるのですが、メールやＳＮＳでのやり取りが多くなったせいか、言葉遣いがカジュアルになり過ぎている傾向は否めません。目上の人に向かってその対応ではお付き合いが発展しませんから、**ＴＰＰＯをわきまえて話すことを肝に銘じましょう。**

マナーではつねに相手の立場で、互いに思いやりを持ってコミュニケーションをとることが大前提。ただ、世の中にはいろいろな人がいて、関係を続けてもお互いハッピーになれないであろう相手もいます。その人を信頼できない、このまま関係を続けていても、お互いにとってプラスは生まれないと感じたら、離れることも良策です。そういう場合、縁を切られた側は傷つきますから、マナーとしては自分から切るのではなく、相手に切られるように上手に持って行くのがヒロコ流（私流）の美道です。

もちろん、これは人それぞれに考え方があり、賛否両論あることでしょう。自分から別れを告げたり、離れたりするほうがつらいことも当然あります。それをあえて相手にさせるように仕向けていくほうが、マナー違反なのではないか、と思われる方もいらっしゃるでしょう。当然、その状況や相手との関係、経緯などによって、ひと言で言いきれることではありませんが、それでもやはり、「相手から離れていった」「別れを告げられた」とし、相手のプライドや面子を保ってあげるほうが、マナーの原理原則、本質に即しています。

人との付き合いにおいて胸に刻んでおくべきなのは、自分と相手は違うということ。たいていのトラブルは、自分の物差しで「こうだろう」と思っているから起きているのです。

相手（の物差し）を尊重するのがマナーの基本精神。それは我が子に対しても同じで、子どもは自分の所有物ではありません。そう考えれば相手の言動にイラつくことも減って、自分自身が楽になります。これは、相手が子どもでなくても同じですね。会社の部下、同僚、夫婦、恋人も自分の所有物ではありませんから、自分の思い通りにならないのが普通、と考えればトラブルにならず、ストレスを溜めることも少なくなります。

そして、何か人間関係のトラブルにはまってしまったら、それは自分が成長できる、変われるチャンスです。**その程度はさまざまですが、つらいこと、苦しいことは少なからず誰にでも起きるはず。そこから逃げずに、それをどのように感じ、どのように対処するか。そして、そこから何を学び、それをどのように今後に活かすかとプラスに考える思考力が、開運できるかどうかの分岐点です。**

ポイント

運のいい人は……

ＴＰＰＯをわきまえ、相手をちゃんと見てちょうどよい距離感で人付き合いをする。

運のいい人の仕事関係者との付き合い方

仕事関係のお付き合いの目的は、ただひとつ。勤め人であれば自分がお給料をもらうため、経営者であれば会社が利益を上げるためであって、単なる「人とのお付き合い」ではありません。こう言いきってしまうと、冷たいように感じるかもしれませんが、**仕事では単なる人間関係だけでなく、金銭関係が発生します**。私たちが仕事をすることで、何もお金をいただかないのであれば話は変わります。でも、そうではありませんよね。

とはいえ、単にお金をもらうだけではありません。対価としてのお金をいただく以上は、相手にプラスを与えてこその対価です。勤め人であれば、給料をもらうわけですが、給料を支払っている相手、すなわち、会社にとってプラスとなることを日々、行っていますか。

会社にとってのプラスとは、単に収益だけではありません。会社の立場にたてば、社員・スタッフのみんなが生き生きとよい表情で、失礼のない態度や身だしなみ、あいさつや言葉遣いをしてくれることは、最低限の基本だと思っています。そして、電話応対も来客応対も、感じよくマナーの基本を押さえつつ、スマートに状況に応じて臨機応変に振る舞えば、会社にとってプラスとなりますし、清掃や整理整頓などの環境面も率先して行ってくれれば、それもプラスです。

こうしたことを日々行い続けている人に、神様は幸運や開運へのチケット（切符）を贈ってくださいます。会社が望むことを行ってもいないのに、給料はもらう、というのは運のよくなる美道《マナー》からは残念ながら外れていると言わざるを得ません。

自分がお給料をもらうためには会社がうまく回っていく必要があります。そのためには、お互いが相手の立場にたって、相手を思いやる心を形として表すマナーは必須。

相手や周囲といがみ合いながら仕事をしても、成績や数字は上がりません。互いに気持ちよく仕事をするために必要なことです。

そのためには、自分が上司の場合、相手が部下や後輩であろうとも、敬意を払う気持ちを忘れずに、相手を思いやることを実践すること。日ごろから敬意を払って接すれば、こちらの言うことを素直に受け止めてくれるようになり、スムーズに仕事が進みます。中にはその敬意を勘違いして、甘える部下もでてきます。業務をきちんと行わない、会社で好ましくない表情や態度、身だしなみの人は、根底に会社や上司に甘えの気持ちがあるからそういうことができるのです。甘えとは、「許してもらえる」という気持ちです。私の場合、部下の甘えは一度や二度は目をつぶりますが、三度目には厳しく注意します。五年前まではふてくされる部下もいましたが、いまはそういうことはありません。これは、私自身が変わったからだと思います。

部下たちにも敬意を払ってコミュニケーションをとることを意識し実行しています。上司である私の言い方、考え方、思考回路を成長させたから、相手も変わってくれたのでしょう。成長、進化、変わってくれた部下たちにも感謝しています。これは、夫婦や子ども、恋人同士などの人間関係すべてにおいて言えることでしょう。

さて、先日、ある有名なお笑い芸人の方々とテレビ番組の収録でご一緒させていただいたときにお話して知ったのですが、お笑いの世界は年功序列で、どんなに売れっ子で人気のある人でも、一歳でも、一か月でも年上の人は先輩として敬意を表して接するそうです。たとえその年上の芸人の方が自分より売れていないとしてもです。

私は、素晴らしいなぁと感心しました。中には年齢ではなく所属事務所への入社順で、先輩後輩の序列を決めている会社もあるそうです。いずれにせよ、お笑いの世界のみなさんには、先輩を敬うという精神が宿っているわけです。私は「お笑い芸人のみなさんは仲がよくていいなぁ」とテレビを見るたびにそう思っていました。それは、相手への敬意が根底にあることを知り、仕事とはいえ、みなさんが心を開き合い、自然体で言いたいことを言い合い、笑いをとっていく姿に温かい美しさを感じます。

最近の職場では目上を敬う気持ちがずいぶん薄れていますが、ある意味で、年功序列や先輩後輩の立場を明確にした環境のほうが、人としての成長幅が大きくなるのかもしれません。もちろん、誰もが目下の人にも敬意を払うのが前提です。

仕事関係のお付き合いで悩みどころなのが、飲み会や休日のお誘いです。自分で事業をやっている人は、自分の責任で行きたくなければ行かなければいい。お断りすると陰で悪く言う人もいますし、仕事上で何か不利益があるかもしれません。それでもかまわないと思える強さがあれば、無理をする必要はありません。一方、会社に勤めている場合、社外の人から誘われたのであれば、上司に相談して参加すべきと言われたら参加したほうがよいでしょう。最近では休日に取引先とのお付き合いに参加したとして、会社に休日手当を請求する人もいるようですが、それがプライベートなお誘いであれば認めてもらうことは難しいケースがほとんどでしょう。

誘う側にもマナーは大事です。誘われる人の立場にたったとき、やむを得ない事情でお断りをしなければいけないときもあります。それを思えば、**社外の人でも、上司や先輩でも同じですが、相手がNOと言える誘い方をするのがマナーです。**そして、参加できないと言われても、無理強いをせずに相手の気持ちを尊重するのが美道ですね。

また、今後のために、その人がたまたまそのときだけがNGなのか、プライベートに仕事上の付き合いを持ち込むのが嫌いなのかを把握するために、お互いが心を開いて確認し合うことも重要です。相手がプライベートな時間は、仕事関係者との付き合いは控えたいというのであれば、「じゃぁ、次からは誘わないほうがいい？」とか「これからもお声掛けはするね。でも無理をしなくていいから」「迷惑だったら気軽に断ってね。気にしなくていいから」などと思いやりを込めたひと言があれば、相手も救われるのではないでしょ

仕事上の人間関係のコツ

◎仕事ではSNSで使うようなカジュアルな言葉は極力使わない。
◎相手が上司でも部下でも同僚でも、敬意を払って接する。
◎先輩・後輩関係は大事にし、互いに尊重し敬う。
◎休日などの誘いは、イヤな場合は無理せず断る。
◎人を誘う場合、相手が「NO」と言える誘い方をする。
◎あまり噂話はせず、他人の秘密は口外しない。

うか。それを続けていると、相手が「参加したい」と変わるかもしれません。

このように、相手の立場にたった些細なひと言で、わだかまりのないスムーズな関係を築けます。それは、職場で心地よくスムーズに仕事を進めていくためにも必要なことです。

また、最近若者からのお悩みで多いのが、仕事仲間からのフェイスブックなどの友達申請についてです。これもまた、友達申請する側のマナー力が問われます。それは、相手に受け入れられなくて落ち込んだり、怒ったりしないこと。ニュートラルな気持ちで、プラスもマイナスも、**相手に対して何も思わない、相手をジャッジしない自分になる**ことです。

仕事関係者の場合は、いきなりフェイスブック上から友達申請をするよりも、面と向かっているときや、電話やメールで事前に申請してもよいかを確認すると悩まずに済みます。断られる場合でもその理由などが明確となり納得するでしょう。

逆に尋ねられた場合、「お誘いくださってありがとうございます」「そう思ってくださってありがとうございます」とまずはお礼を伝えます。そしてイヤだと思うなら正直に「申し訳ありません」と断った上で、自身の考えを伝えるとよいでしょう。お互い話し合えばわかり合えるはずです。

最後に、仕事上のマナーで気になるのは「守秘義務」についてです。**弁護士や医師には**

守秘義務があり、厳格に守らなければいけないことはよく知られていますが、罰則がないにしてもほかの職業にもマナーとしての守秘義務はあります。

美容室やエステサロンなど、プライベートで行くとリラックスしてつい悩み事を話してしまう人も多いと思います。しかし、その話をほかのお客様やスタッフに話されたら、あなたはどう思いますか？　相手に心を開き「あなただから話した」のに、それをほかの人に話されたら……。実際、そういう経営者やスタッフが多いのも現状です。心を開いて、信頼して話をしてくださったお客様を大切に思い、マナーがあればこうした話はほかの人に明かしません。信頼を裏切らないというのは人付き合いの最低限のマナーです。不用意にペラペラと他人の情報を話したり、陰で批評・批判する人に、幸運・開運の神様は微笑むことはありません。

ポイント

運のいい人は……

上司だけではなく、部下に対しても敬意を払って接する。

運のいい人のご近所付き合い

近隣の方々とのお付き合いは、あいさつが基本です。ただ、こちらが声に出してあいさつをしても相手から返ってこない場合もあります。この場合は「嫌われているのかな」とマイナスなことは一切考えずに、たまたま、聞こえなかったのか、気づかなかったのかもしれないとプラスにとらえます。そして、その後も同じ状況が続くのであれば、こちらは黙って会釈だけで十分でしょう。あまりへりくだる必要はないと考えます。

会社でもご近所でも、あいさつをしたのに、相手が返してくれなかったから、という理由で、その後、誰に対してもあいさつをしなくなった、という人は少なくありません。自分から心を開いて勇気を出してあいさつをしたのに、それに対して無視されれば、多くの人は傷つきますよね。その後に、心の扉を閉ざしてしまうことも理解できます。しかし、そうしてしまったら、自らマイナスな道を描き進んでしまう。あなたの人生の白地図には、マイナスな場所にたどり着く道を描かないように意識しましょう。

一方、何かしら理由はあるにせよ、あいさつをしてくれた人に対して、あいさつを返さないのは、マナーに反しています。私がイギリスで生活をしていた頃、バスに乗るとき、降りるとき、乗客も運転手さんも必ず互いにあいさつをし合う光景に感動しました。当たり前のことと思うかもしれませんが、東京でバスやタクシーに乗るときに、「お願いします」と言っても、降りるときに「ありがとうございました」と言っても何も言わない運転手はまだまだたくさんいます。そうなると、次からは言いたくなくなります。だから多くの人たちが、あいさつをしなくなる環境になっていくわけです。**あいさつをしない環境はマイナスなエネルギーで淀みますから、そこに幸運は舞い降りてはきません。**ご近所付き合いも同様です。**自分たちが生活をしている地域に、プラスのエネルギーを創りだし、それぞれが健康で幸せに生活できる環境にするためにも、あいさつをし合うことは重要**です。

また、近隣への配慮として気をつけたいのは音の問題です。大人の生活音や音楽などは時間帯を考慮してコントロールできますが、赤ちゃんの泣き声や子どもが走り回る音、ペットの鳴き声などはどうしようもありません。

最低限のマナーとして、隣近所の方に会ったときには必ず「いつもうるさくて申し訳ありません」のひと言を伝えましょう。ふだん、その音に対して快く思っていなくても、そ

のひと言で相手の心は軽くなります。

また、日頃の生活音や、自宅の枯れ葉がお隣に落ちてしまうなどで、迷惑をかけていると思えば、さりげなく、自然な形でその気持ちを表してみるとよいでしょう。あらたまってのし付の贈り物をするのではなく、季節の食べ物などを「たくさんいただいたのでお裾分けです」と差し入れに伺う。そのときに、ひと言、日頃ご迷惑をかけているかもしれないことを詫び、今後も宜しくお願いしたい旨を伝えることで、良好な関係を築いていけるのではないでしょうか。

ご近所付き合いは日頃の積み重ねが大切です。ふだんから毎日行き来する必要はありませんが、災害やトラブルなどに見舞われたとき、やはり近くにいる人の存在は大切です。いざという緊急、非常事態が起きた際に、お互い助け合える関係を築いておきましょう。

ポイント

運のいい人は……

気持ちよいあいさつ、そして日常的な気遣いを積み重ねる。

運のいい人の異性（友人）とのお付き合い

仕事関係と違って、恋愛関係は横のつながりです。世界の人口七三億人（二〇一六年一二月時点）以上の中から出会い、恋愛関係になる相手です。あなたに、何かを学ばさせようと神様が引き合わせてくれたはず。お付き合いの中で、自身の魂を磨き、成長させるために、愉しいことも、つらく苦しいことも、悲しいことも起きるのです。そして、それに気づかせてくれるのがそのお相手です。だからこそ、つねに感謝の気持ちを持ち、**相手を思いやって言いにくいことも伝え合い、お互いを高め合う関係を作っていくのが理想です。**

真の恋人同士であれば心を開き合って、他の人が言ってくれない厳しいところまで**「言葉の花束」として伝えてみましょう。もしそれで関係が壊れるようなら、それまでの相手だったのです。もちろん、「言わなければよかった」と後悔することもあるでしょう。しかし、生きていることは日々修行。一緒に向上したいと思って本音でお付き合いできる相**

手と出会えれば幸せです。

もし、別れがくるなら、それは、好き嫌いの感情とは関係なく、あなたにとって最良の相手ではないという証。その別れはこの先、あなたにプラスを与えてくれるステキな人との出会いの前兆です。運が向いてきているときに、落ち込んでいては幸運の神様はUターンしていきますよ。

お付き合いをしている異性（友人）と別れることになったら、付き合いの浅い場合は、なるべく相手から別れを切り出すように持っていくのがお勧めです。深く付き合った末の別れであれば、心と心を開き合って納得するところまで本音で話す。どちらか一方に納得できないしこりを残したままにしないのが、失礼のない別れ方でしょう。

また、長い目で見れば、お互いに気持ちがあっても別れたほうがよい場合もあります。自分がそうと気づいたら、その際は思いを断ち切って、相手が追いかけてきても振り払う強さを持ってください。自分のためだけでなく、相手を思えばこその非情の情です。

いま、彼に連絡をしても返事がないと悩んでいる人は、さぞかし不安でしょう。ここで、その相手への気持ちが「恋」なのか「愛」なのかがわかります。「恋は盲目」と言われるように、恋愛関係において、恋が勝っていると、相手の気持ちや事情、状況を考えずに、

自分中心に我を出してしまいます。
一方、それが愛であれば、連絡をしてこない彼の気持ちを察して、そっとしておく。メールをしても返信を期待することなく、ただただ、相手を気遣うひと言を送るだけ。相手の立場にたつマナーは、まさに愛なのです。マナーは、関係するみんなのプラス、ハッピーを生み出すものです。もし、二人の未来に関係者を含め、みんなのプラスを見い出せないならば、どんなに思いはあっても離れる選択をしなければならないこともあるかもしれません。
とてもつらく苦しいことかもしれませんが、しかし、すべては自然の流れに身を任せる……。どんなにもがいても、自然の力には勝てません。起こることのすべては、神様がそのように天から動かしてくれているのだと思えば、少しは楽になるのではないでしょうか。私も愛犬の事故後、つらく、苦しいとき、その後、体調をくずし、仕事が思うようにできなくなっていた時期、「すべては神様が動かしていることだ」と思ったときに、起きてしまったマイナスの事に執着することなく、前向きに生きようと思う気力が湧いてきました。自分の意識、考え方次第で人生は好転していきます。そういうことを、異性との付き合いの中で、学ばせてもらえるとするならば、何が起きても、それは今後のあなたにとってよいことなのです。

ポイント

運のいい人は……

互いを高め合うように、「言葉の花束」を贈り合う。

運のいい人の家族関係

あまりに近すぎて、見えにくくなってしまう家族との関係も、互いに交わすあいさつで救われることが山ほどあります。あいさつは、心の扉を自分から開いていくものですから、けんかをしても、あいさつのひと言で、怒りや落胆などの気持ちが少しずつ解けていきます。やはり人間関係の鍵は、あいさつなのです。

身近な家族には、わざわざあいさつなんてしなくても、気持ちは伝わっていると思いがちですが、たとえ家族でも口に出さないと相手への思いは伝わりません。

「おはよう」「ありがとう」「ごめんなさい」。家族間で絶対に欠かさないようにしましょうという「あいさつ」を決めて、それを決まり事のルールとしてではなく、愉しいゲーム感覚で行うことをお勧めします。

我が家では「ありがとう」という言葉は、いつでもどんなときでも欠かしません。目の前で、電気をつけてくれたら「ありがとう」。また、トイレットペーパーを替えてくれて

いたら「ペーパー替えてくれたんだね。ありがとう」です。「ごはんできたよ～」と言うと、夫は必ず「ありがとう」と言い、食べ終わると「ごちそうさま、ありがとう」と言ってくれます。また、「洗濯してくれてありがとう」も、週に最低二回は言ってくれます。とにかく、相手が何かしてくれていることに気がついたら、必ず「ありがとう」が飛び交います。仕事で忙しく疲れているときの家事は、面倒と思うこともあります。しかし、この「ありがとう」のひと言で救われ、疲れていてもやろう、という気持ちになれます。

また、反抗期のお子さんに悩んでいらっしゃる方も多いと思います。相当にストレスになっていると思いますが、その時期が過ぎるまで「忍耐」です。反抗期に入っているお子さん自身も、葛藤中なのです。ここは親子、それぞれが成長する時期だと前向きにとらえて、笑顔を絶やさないように意識してください。お子さんにもよりますが、そっとしておく反面、声は掛け続けることをお勧めします。子どもの激しい態度に親が怖がって、声を掛けなくなるとコミュニケーションのチャンスを逃すことになりかねません。「うるせぇ！」「ほっといてくれ！」と言われるかもしれません。そう言われたら黙っていればいいのです。こちらから無視をしたり、距離を置こうとしないことです。また、うるさく小言を言ったり叱りつけるのは逆効果。こういうときは、「どんなに反抗的な態度をとっても、大切に思っている」と、サインを見せればよいのです。

部屋に引きこもっているなら、カードにそのひと言を書いてそっと部屋に入れてみたり……。家族の思いはきっと伝わるはずです。そして、必ず時が解決してくれます。その時が長いか短いかです。お子さんと共に、成長させてもらえている期間だと思い、「困っている」と口をへの字に曲げるのではなく、微笑みながら「忍耐、忍耐」と声に出しながら、床を拭いたり、トイレ掃除をしましょう。つらいと思えば、涙を流しましょう。涙を流していいんです。そんなあなたに幸せの神様が贈り物をくださらないわけはありません。

ポイント

運のいい人は……

つい疎かになりがちな、基本のあいさつを大切にする。

運のいい人の外国人との付き合い方

近年、外国から日本へ旅行に来たり、暮らし始める人が増えています。外国人とのお付き合いは、言葉が通じるかどうかより、心を開くことが第一。

私たちはつい○○人はこうだ、などと先入観を持ってしまいますが、実際にその国の方と接するならば、そうした偏見は捨てるのがマナーです。自分たちだって「日本人は建前と本音があるから信用できない」などと決めつけられると、けっしてよい気持ちはしないでしょう。

日本人から見れば海外の人の言動に、マナーから外れていると感じる慣習もあるかもしれません。でも、その国の人たちは理由があってそうしているのです。

私は自分が不思議に思う外国の慣習について、よく「どうして、そういうことをするの?」と尋ねていますが、理由を訊けば納得できるのです。それが異文化を理解する心、すなわち美道です。その理由を聞いて「でもね」と反論してしまうのは、自分が何かしら偏見やマイナスの感情を持っていて、心を閉じているということ。

その感情は相手に伝わり、そうなると相手も引いてしまって、お互いによい関係は築けません。ですからこういうときには、「そういう理由があるから、〇〇人の人たちは、こうするわけね」と、素直にそれを受け入れ「教えてくれて、ありがとう」とお礼を伝えます。

人はなぜ相手がそういうことをしたり、言ったりするのか、訊いてみなければわからないことがほとんどです。コミュニケーションをとらずに、「あの人は私とは違う」と相手の事情や立場にたたずして勝手に決めつけるのは、美しいとは言い難いですね。日本人同士でさえも、わかり合えない人がいるわけですから。

自分を受け入れてもらいたければ、まずは自分が相手を受け入れることです。そうすることで世界観が広がります。運は宇宙や世界全体に存在します。現に私は、イギリスという海外で、ビジネスパートナーや、人生のパートナーと出会う幸運に恵まれ、イギリスで起業という開運の切符を与えていただきました。

世界各地のさまざまな人と幸せな関係を築くことは、さまざまな運に恵まれるチャンスが増えるということです。

ポイント

運のいい人は……

偏見や先入観を捨て、相手の国の習慣を理解しようと心がけ、まず相手を受け入れる。

運のいい人の冠婚葬祭

結婚式や披露宴に出席する際の服装は、**同じフォーマルでも昼と夜ではマナーに違いがあるので覚えておきましょう。一般的なファッションのマナーとしては、**お昼の場合は光沢のある素材を避け、シルクや上質のウールのワンピース、スーツを選びます。正式には肌の露出は控えるのがマナーなので、夏でも長袖がお勧めです。アクセサリーも、あまり光らないパールやコサージュを合わせます。

夜は、光る素材や肌を露出したほうがフォーマルとなるので、サテンやラメ素材などのドレスに、ラインストーン使いのアクセサリーや宝石などを身にまとってもかまいません。

結婚式や結婚披露宴で、とくに気をつけるべきファッションのマナーは、白い服や白い小物類はＮＧと心得ておくことです。白は主役の花嫁の色なので、控えるのがマナーです。また、お祝いの席ですから黒一色も避け、自分に似合う明るく華やかなイメージの色やスタイルの装いで、お祝いの気持ちを表現しましょう。また、素足はもちろん、サンダルや

結婚式や披露宴の際のフォーマル

昼の場合（アフタヌーンドレス）
光沢のある素材を避け、シルクや上質のウールのワンピース、スーツを選ぶ。アクセサリーはマットなものを

夜の場合（イブニングドレス）
光る素材や肌を露出したほうがフォーマル。サテンやラメ素材などのドレスに、輝きのあるアクセサリーや宝石などを

ミュールもマナー違反です。必ずナチュラル系のストッキングをはき、つま先もかかとも覆われている布素材のパンプスが正式な靴。ほかにも、爬虫類の革を使ったバッグや靴、ファーの小物も「殺生」をイメージさせるので、ふさわしくありません。

ご祝儀袋には新札を入れます。中袋の表面を自分に向けたとき、紙幣の表側が見えて、人物の顔が袋の上に来るようにセットします。また、ご祝儀袋の裏は下側を上にかぶせます。逆は弔事用の折り方なので要注意です。

ご祝儀などに使う、ふくさの使い方

① ご祝儀袋をふくさの真ん中よりもやや左に置く

② 左の角をとって真ん中へ折る

③ 上の角、下の角をとって、上から下、下から上へかぶせる

④ 右側を真ん中に折り、余った部分は裏へ折り返す

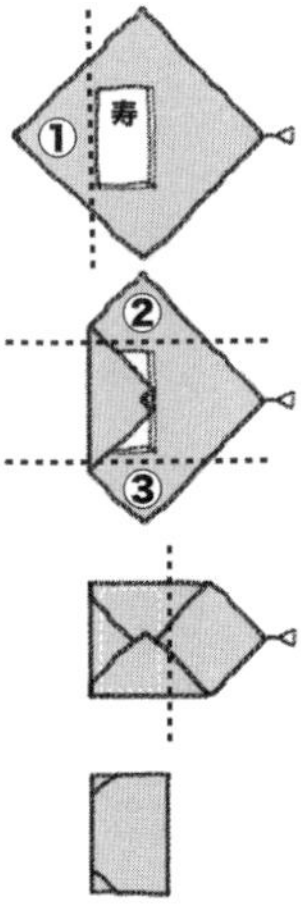

そして、相手への敬意があれば、ご祝儀はふくさに包んで持参するでしょう。お祝いやお悔やみの気持ちが、よれよれに折れていたり、汚れていては、あなたのせっかくの気持ちは伝わりません。最近では、ご祝儀袋をはさみ込むだけの簡易タイプのふくさもあります。慶弔両用のふくさであれば、お香典やご霊前にも使えます。ただし、慶弔で入れ方の向きが逆になるので気をつけてください。

　ご祝儀の場合は、まずふくさをひし形の向きに敷き、ご祝儀袋を真ん中より少し左寄りに置きます。それから初めに左側の角を折って、順に上の角、下の角と折っていき、最後に右の角を折ります。

ふくさは、もともと中身を包んだまま相手に渡し、目の前で解いて返してもらうものでしたが、現在はバッグからふくさごと取り出して、ふくさを外して袋だけをお渡しするようになりました。台付きふくさや、はさみふくさ、差し込みふくさの場合は、袋を取り出し、その上に、袋を置いて渡してもよいでしょう。

葬儀に参列する際の服装は、ブラックフォーマルでお悔やみの気持ちを表します。スカート丈はひざが隠れる程度で、アクセサリーは結婚指輪のほかパール、オニキス、黒曜石ジェットなどであればつけてもかまいません。ただし、ネックレスは一連のものを。靴やバッグは黒一色の布素材で、ストッキングは黒。メイクはラメ入りのものは使わず、薄めに仕上げます。喪服の女性がする薄化粧のことを、片化粧といいます。

以前、通夜は「突然の出来事」なので地味な服装であればよいと言われていましたが、いまは二、三日前に知らせがあるので、喪服で参列している人がほとんどです。正式な喪服でなくても、事前にわかっているのであれば、ブラックスーツやブラックのワンピースで参列しましょう。また、喪服は、四〇代以上の大人の女性であれば二着は用意しておくことをお勧めします。通夜と告別式の両方に参列するときもあるでしょう。もし、一着しかない場合は、バッグを変えるだけでも印象は変わります。通夜用と告別式用のバッグと

ブラックフォーマルの着こなし

お通夜のとき

服装はスーツかワンピースでOK。色は、黒や紺などの落ち着いた色で統一させる。最近は訃報から二、三日後に行われることも多いので、喪服で行く人が多い

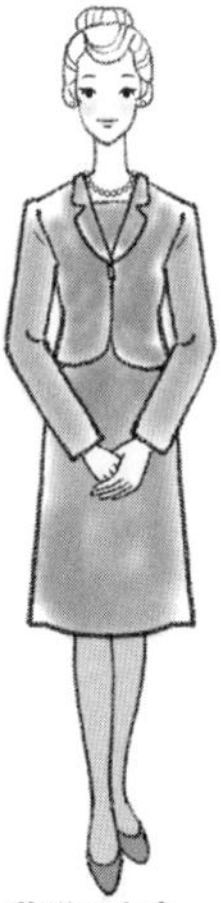

葬儀のとき

メイクは片化粧。喪服を着用する。ネックレスは一重のものを。またイヤリングは垂れたものではなく、耳に密着するタイプを選ぶ

して、ふたつ持っていれば安心です。また、会葬御礼や、履き替えの靴などを入れる弔事用のサブバッグも用意しておくと便利です。

　弔事と慶事とでは、最期のお別れとなる弔事を優先させると言われています。弔事は、滅多にないからという理由から、とりあえず黒だったらなんでもいいと思う方もいらっしゃるかもしれませんが、この世での生きるという修行を終えられた方への敬意を表することは、とても大切なこと

です。弔事や法事など、亡くなった方を大切に思う気持ちを化粧や服装・小物でも失礼のないように表現することは、やがて自分もていねいに生きることにつながります。

お香典の表書きは、薄墨で書くのが礼儀です。紙幣は新札ではないもので、中袋の表面を自分に向けたとき、紙幣の裏側が見えて、人物の顔が袋の下に来るように入れます。新札しかない場合は、折り目を入れます。香典袋の裏側は上側を下にかぶせて、ご祝儀と逆向きにします。ふくさの包み方も慶事のときとすべて逆で、右の角↓下の角↓上の角↓左の角の順に折ります。

ふくさの角には右が「陽」、左が「陰」、上が「天」、下が「地」とそれぞれ意味があります。型として決まっている包み方は、慶事の場合が「陽」と「天」を、弔事は「陰」と「地」を、それぞれが上にくるようにして、相手に気持ちを表しているのです。**こうした意味を知れば、ただ行為として包むだけでなくきちんと心を込めながら、包むことができますね。他者の慶びを自分の事以上に喜び祝い、悲しみ事、お悔やみ事に、他人事ではなく自分事として思いを馳せることのできる人を神様は特別に見守ってくださいます。**人や動物・植物・鉱物など、自然への温かい思いは、いずれめぐり巡って自分、あなたのもとに還ってきます。

ポイント

運のいい人は……

冠婚葬祭の「型」の意味を知り、さらに心をこめて対応する。

あとがき

気がつけば、四九年という時間を生きてまいりました。

振り返れば、多くの人と出会い、さまざまな出来事を経験してきたな、と思います。当時はつらく苦しかった出来事も、いま思い返すとすべてが愛おしく、有り難いと思えます。そう思える自分になれたこと、さまざまな体験をさせていただけたこと……。歳を重ねるということは、なんて素晴らしく素敵なことなのだろうか……としみじみ、この四九年という月日に感謝しています。

私は三五歳のときに、『オックスフォード流 一流になる人のビジネスマナーの本』（青春出版社）という処女作で、商業出版デビューをしました。その後、一四年間で国内外の監修本を含め七〇冊以上の本を手がけ、著者累計一〇〇万部を超える有り難い運に恵まれました。

当時は「五〇歳になったら本を一冊くらいは出せる人になっていたいな」と夢物語のようなことを思っていました。その五〇歳を目前にしているいま、世界で七〇冊以上の本に自分の名前が刻まれている事実。これには私自身が一番、驚いています。そして、ただひたすら、「みんなが幸せに生きるための真心マナー」を伝えるにはどうすればいいのか、という目的を実現達成するため、二四時間三六五日、どんなときも真心からのマナーと愚直に向き合ってきた自分がいたことをあらためて実感しています。

二〇一五年一一月。一〇年来の心友である、接客・営業コンサルタントの森下裕道先生のご著書『本番に強い人は、ヤバいときほど力を抜く 人前で話すのが劇的にラクになる7つの技法』（清流出版）が発売されました。素晴らしい内容のこの本を拝読し、私は森下先生の出版祝いランチ会を企画しお誘いしました。いつもなら二人で食事をするのですが、なぜか「ご迷惑でなければ、版元の編集担当者の方もお誘いください」と森下先生に伝えたところ、編集担当者のみっちゃんこと、古満温さんが東京・南青山、表参道のレストランにお見えになりました。この方こそが、のちに編集担当者として、本書をこの世に誕生させる人となったのです。

私がマナー講師を目指したきっかけは、本書に紹介している通りです。二一歳のときに、「素敵な五〇歳になる」というのが、私の夢のひとつに掲げられました。そして私は、「五〇歳になったら、本の一冊は出版できる人になりたいな」と漠然と思っていたことを三五歳で実現し、その後、平均すると一年間に五～六冊のペースで出版させていただける幸運に恵まれました。

そんな私は、今度は「五〇歳になったら、実用書としてのマナー本ではなく、幸せに生きるためのマナー本を書きたい」という夢をあたためておりました。その夢を実現するために、四〇代後半から企画書を作成し、さまざまな出版社に企画書を送りましたが、よい返事はきませんでした。

理由は、すでに七〇冊の本を出版している私は、書店の方からも、出版社の方々からも〝実用マナー本の西出ひろ子〟というイメージが定着していて、エッセイのような、自己啓発のような、生き方に関わる本は難しいということでした。

しかし、いまここに、私の半生をもとにした生き方をお伝えすることで、読者のみな様に何かしらのお役にたてることを願って書いた本が誕生しました。

本書は、私の半世紀に起きた実体験をもとに書いた、運のいい人になるためのマナー本です。私が二一歳のときから言い続けている真心マナー、すなわち美道としてのマナーを実践したことで、数々の幸運に恵まれたこと。一方、時にそれを実践しなかったが故に起きた失敗などを赤裸々に綴りました。私の苦い経験がみな様のお役にたてるのであれば本望です。

生き方を伝える、今までのマナー本にはない斬新かつ、マナーの本来の意義をお伝えする本を書かせていただけたことは、明日、五〇歳の誕生日迎える私にとって、最高の贈り物をいただいているとしか言い様がございません。今、このあとがきを書いている私は、感謝の気持ちで満ちあふれています。

本書は、四九年間という時を何があっても生き抜いてきたことに対する天が贈ってくださった御利益本です。どうぞこの御利益をあなたも受け取ってください。

マナーは、あなたの幸せのためにあるのですから……。

謝辞

五〇年前のいま頃、母はどれほどの痛みを伴い、私をこの世に産み出してくれたのかな、と思うと、言葉も見つかりません。ただただ、「産んでくださり、ありがとうございます」に尽きます……。お母さん、ありがとうございました。

ご先祖様、祖父、祖母、父、弟、実家に関わる親戚のみな様も、ありがとうございます。私がつらく苦しいときに、いつも救ってくださった、佐々木敬子様。私を公私ともに理解し支えてくれた、マナー講師 小黒淳子先生と伊藤佳代子様。このお三方は、天国からいまも私を見守ってくださっています。いつもありがとうございます。

私の心身を生き還らせてくださった、東京・代々木「赤ひげ堂」院長 竹内信幸先生、同治療院の諸先生方、また、国立音楽院 理事長 新納重臣様・新納智保様、そして美容家上田実絵先生、誠にありがとうございました。

この四九年の間に、出会ってくださった方々にも、心より感謝いたします。

そして、本書を手にしてくださったあなたに……本書を読んでくださったあなたに……心より感謝御礼申し上げます。ありがとうございます。

また、主人方のご先祖様、義父、天国の義母をはじめとする親戚のみな様にも、深く感謝いたします。

最後に、主人・愛娘犬ファブ・愛息犬クゥーへの感謝は言うまでもありません。心の奥底から「ありがとう」を伝えます。

私の今日までの四九年間は、人間として生きていくための〝学び〟の時間でした。いよいよ、明日から人間としての本番がスタートします。五〇代、六〇代……これからの人生、誰と出会い、何が起きるのか、ワクワク愉しみでなりません。本番ではミスのないよう、テイクワンで「カット！」と監督（天）にＯＫを出していただけるよう、真心マナーにさらなる磨きをかけ、スムーズで美しい人生をみな様とともに過ごしてまいりたいと思います。

みな様のご健康・ご多幸を心よりお祈り申し上げます。

マナーと幸運と天に感謝をこめて……。

二〇一七年一月二五日　五〇歳の誕生日前日に

西出ひろ子

西出ひろ子（にしで・ひろこ）●マナーコンサルタント・美道家。ヒロコマナーグループ 代表。ウイズ株式会社代表取締役会長。HIROKO ROSE株式会社代表取締役社長。一般社団法人マナー教育推進協会代表理事。大妻女子大学卒業。国会議員などの秘書職を経てマナー講師として独立。31歳でマナーの本場・英国へ単身渡英。英国・オックスフォードにてビジネスパートナーと起業。帰国後、名だたる企業のマナーコンサルティングやマナー研修などを行い、人財の育成と収益増に貢献。「人材コンサルティング会社100選 2017」(日本人材ニュース社）にも掲載。その実績や成果は、テレビや雑誌などでもマナー界のカリスマとして多数紹介される。「マナーの賢人」として「ソロモン流」（テレビ東京）などのドキュメンタリー番組でも報道。NHK大河ドラマ「花燃ゆ」「龍馬伝」、映画「るろうに剣心 伝説の最期編」など、ドラマや映画、書籍などでのマナー指導・監修も行う。また、内面と外面を美しく変身させ、その人の人生を好転させると評判のヒロコマナーは、日本は元より中国などの海外でも人気を博し、上海でのセミナーは、3日間で1万人を動員。開催する講座はすぐに満席となる。さらに、日本の伝統文化と真心マナーを世界に広めるべく、日本製フォーマルバッグシェアNO.1の老舗 岩佐製作のマナーバッグのデザインやプロデュースも行う。著書に、28万部突破の『お仕事のマナーとコツ』（学研プラス)、『マンガでわかる! 社会人1年生のビジネスマナー』（ダイヤモンド社)、『超一流のビジネスマンがやっている すごいマナー』（ぱる出版)、『マナーコンサルタントがこっそり教える 実は恥ずかしい思い込みマナー』（PHP研究所）など多数。

ヒロコマナーグループ http://www.hirokomanner-group.com
大人のトータルビューティ・プレミアムマナーサロン http://www.erh27.com
大人のトータルビューティ・マナースクール http://www.fastmanner.com

Team《チーム》 HIROK♥《ヒロコ》 Special Thanks
【統括】マナー講師 イメージコンサルタント 吉村まどか【本部】マナーコミュニケーション講師 藤田菜穂子・マナー講師 話し方コミュニケーションコンサルタント 金森たかこ・マナーコンサルタント 類家三枝子・マナーコーチ 阿部真悟・WEBデザイナー 中村一広【北海道】マナー講師 イメージコンサルタント 半田典世【東北】マナー講師 倉島由美・マナーアドバイザー 山崎奈緒・マナー講師 小藤弓【北陸】マナー講師 前田まゆみ【関東】マナー講師 アロマセラピスト 杉田尚子・マナー講師 那須弥生・マナー講師 西野樹美子【東海】マナーコンサルタント 國枝菊江【関西】IT・SNSマナーコンサルタント 石川礼子・マナー講師 米田幸子【中国・四国】マナーコンサルタント 川道映里【九州】マナー講師 サロン・ド・クリザンテム 代表 松本菊【国際人財育成】アドバイザー 岩田ヘレン・おもてなし接客英会話講師 アレックス ファゼル【マナーサロン】アドバイザー 似鳥陽子　ほか 全国の講師・スタッフのみなさん

Special Thanks
阿部展子・牛島照美・園田恵美・古庄裕子・神里智俊・カラーセラピスト カラーの恩師 海老澤眞理・福尾由香・新学フォーラム 代表 西口正・教育芸人 新間竹彦・フリーアナウンサー 香月よう子・カメラマン 林久美子夫妻・税理士 高橋淳・サウンドセラピスト Aika・接客営業コンサルタント 森下裕道・人財育成家 沖本るり子・経営コンサルタント 林俊之・人事コンサルタント 中尾ゆうすけ・ライター 宮下二葉（順不同・敬称略）

あなたを守り、幸せにする
運のいい人のマナー
2017年3月3日発行 ［初版第1刷発行］

著者 西出ひろ子

発行者 藤木健太郎
発行所 清流出版株式会社
東京都千代田区神田神保町3-7-1 〒101-0051
電話 03-3288-5405
（編集担当 古満 温）
印刷・製本 図書印刷株式会社
乱丁・落丁本はお取り替えいたします。
ISBN 978-4-86029-458-8
http://www.seiryupub.co.jp/